Além da Arqui tetura

Além da Arquitetura

Os desafios do novo arquiteto empreendedor

da paixão ao negócio

RENATA PENA

ACTUAL
Rio de Janeiro, 2025

Além da Arquitetura: da paixão ao negócio

Actual é um selo da Editora Almedina do Grupo Editorial Alta Books (STARLIN ALTA EDITORA E CONSULTORIA LTDA).

ISBN: 978-65-87019-89-5

Impresso no Brasil — 1ª Edição, 2025 — Edição revisada conforme o Acordo Ortográfico da Língua Portuguesa de 2009.

Dados Internacionais de Catalogação na Publicação (CIP)
(Câmara Brasileira do Livro, SP, Brasil)

Pena, Renata
Além da arquitetura : da paixão ao negócio : os desafios do novo arquiteto empreendedor / Renata Pena. -- São Paulo : Actual, 2025.

ISBN 978-65-87019-89-5

1. Arquitetos 2. Arquitetura - Decoração e ornamento 3. Design de interiores 4. Empreendedorismo 5. Gestão de negócios I. Título.

24-204799 CDD-658.421

Índices para catálogo sistemático:

1. Empreededorismo : Administração de empresas 658.421

Aline Graziele Benitez - Bibliotecária - CRB-1/3129

Grupo Editorial Alta Books

Produção Editorial: Grupo Editorial Alta Books
Diretor Editorial: Anderson Vieira
Editor da Obra: Marco Pace
Vendas Governamentais: Cristiane Mutüs
Gerência Comercial: Claudio Lima

Assistente Editorial: Andreza Moraes
Revisão: Adriana Moreira Pedro e Luciana Félix
Diagramação: Anthares
Capa: Beatriz Frohe

ALTA BOOKS
GRUPO EDITORIAL

Rua Viúva Cláudio, 291 — Bairro Industrial do Jacaré
CEP: 20.970-031 — Rio de Janeiro (RJ)
Tels.: (21) 3278-8069 / 3278-8419
www.altabooks.com.br — altabooks@altabooks.com.br
Ouvidoria: ouvidoria@altabooks.com.br

Editora **afiliada à:**

ASSOCIADO

SUMÁRIO

AGRADECIMENTOS

Com profunda gratidão, quero agradecer a todos que tornaram esta jornada possível.

Ao meu pai, o maior leitor que já conheci e a maior saudade que já senti.

À minha mãe, Lauri, a maior incentivadora de todos os projetos.

E ao meu amor, Fagner, que não me deixa desistir de nenhum sonho e me ajuda a realizar todos.

Cada um de vocês contribuiu de maneiras incríveis para a criação desta obra. Seu apoio, inspiração e amor foram fundamentais.

Agradeço também a cada cliente e aluno que confiou em mim para viver de arquitetura. Juntos, construímos boas histórias.

Obrigada a todos por fazerem parte da minha jornada.

PARTE I:

Fundação:
Indo Além da Arquitetura

1.1 Introdução: por que ir "além"?

Desde que iniciei minha jornada como consultora de negócios especializada para profissionais de arquitetura e design de interiores tenho observado uma constante: muitos profissionais incrivelmente talentosos estão tão imersos na arte e técnica daquilo que fazem que esquecem da essência de um negócio bem-sucedido. Mas a técnica não reside apenas na qualidade dos traços em um esboço ou na habilidade de moldar espaços com beleza. Reside também no entendimento do mercado, na gestão financeira e, acima de tudo, na compreensão profunda das emoções e expectativas de seus clientes.

Pensemos juntos. Quando um cliente contrata um arquiteto, designer ou paisagista, não está apenas em busca de um serviço técnico. Ele está entregando em suas mãos sonhos, desejos e, muitas vezes, um investimento que levou anos para ser acumulado. São quartos de bebês, salas de estar onde famílias esperam compartilhar momentos, jardins onde sonham ver seus filhos crescerem. Lidar com essa magnitude de expectativa não é tarefa fácil.

Neste cenário, enquanto habilidades técnicas são fundamentais, não são suficientes. Para prosperar em um mercado tão competitivo, é preciso ir "além". Entender que cada projeto é único e que, atrás de cada contrato, há um coração esperando ser satisfeito. Quando falhamos em alinhar expectativas, gerenciar prazos ou orçamentos, não é apenas uma falha profissional. É uma falha em captar a essência do que significa ser um arquiteto ou designer no mundo de hoje.

Infelizmente, já testemunhei muitos profissionais talentosos perderem a paixão pela profissão. Eles se desiludem porque, em algum momento, a pressão por gerenciar expectativas, orçamentos e prazos tornou-se mais pesada do que o amor pela arquitetura. O desamor pela arquitetura se instala quando esquecemos de que, mais do que desenhar e construir, estamos moldando sonhos.

Por isso, ao longo desta jornada, quero conduzi-los por um caminho que faça disso um negócio e que vai muito além da estética e da técnica. Vamos mergulhar nas nuances dos negócios, na gestão de clientes e na arte de transformar sonhos em realidade, de forma que não apenas os clientes saiam satisfeitos, mas também os profissionais encontrem realização e sucesso duradouros. Porque ir "além" não é apenas uma estratégia de negócios; é uma estratégia para a vida.

1.1.1 A jornada da transformação: o relato da arquiteta Lisiane Benvenutti

Em meio ao mar agitado de compromissos e pressões do mundo da arquitetura, Lisiane Benvenutti se encontrava angustiada. O ano era 2017 e eu estava no início da consultoria para arquitetos. Com 19 anos de profissão, dedicava-se de corpo e alma, trabalhando de 12 a 14 horas diárias, entregando cada precioso momento ao serviço de seus clientes e foi nesse ponto que começamos nossa jornada, juntas, na consultoria. Em sua entrega, ela negava-se o direito de estar presente nos momentos mais íntimos e preciosos de sua vida. Cada vez que seu filho lhe chamava, Lisiane se via envolta na teia do que ela acreditava ser "profissionalismo". Sua maior queixa: a dificuldade de mudar.

Porém, 2017 trouxe uma reviravolta. Começamos o processo de consultoria e Lisiane começou a vislumbrar o potencial de uma transformação, onde ela teve acesso a novos processos, normas e possibilidades. Foi um período de profundo autoconhecimento, desafiador e às vezes doloroso, onde ela teve que confrontar seus padrões e crenças sobre trabalho e vida.

Reavaliando seu valor, ela decidiu aumentar seus preços. Sim, enfrentou resistência. A primeira resistência que permaneceu por um ano foi da própria Lisiane. Fico feliz porque, mesmo com medo, ela persistiu. Alguns clientes optaram por não continuar, e, em momentos de incerteza, ela cedeu às pressões. Mas, com o tempo, a resiliência e a determinação de Lisiane prevaleceram. De uma agenda superlotada com 25 clientes ativos, ela passou a focar em 10 projetos de qualidade. E, o mais surpreendente, descobriu que a verdadeira profissionalização não estava em sacrificar-se, mas em encontrar equilíbrio.

Hoje, Lisiane sorri ao lembrar de quando achava impossível passar um dia em casa com seu filho. Agora, enquanto ela desfruta de momentos com ele, seu escritório segue funcionando, com uma equipe competente gerenciando seus projetos. Ela encontrou tempo para si, para cuidar de sua saúde, para momentos de lazer e para estar com quem ama. E tudo isso não a tornou menos profissional; ao contrário, redefiniu o que significa ser profissional para ela.

Não foi fácil o caminho, mas os resultados na carreira e na vida pessoal de Lisiane foram lindos, incluindo uma melhoria em sua saúde, que já estava debilitada. O mais tocante? O reconhecimento de que, mesmo que tenha demorado, finalmente ela se permitiu viver em plenitude. E como ela mesma disse, "deu tempo!".

Lisiane não é um caso isolado no mundo dos profissionais de design e arquitetura, mas sim uma poderosa lembrança de que sempre é possível reinventar a nossa trajetória.

Muitas vezes, torna-se fácil acostumar-se com situações desconfortáveis e acreditar que a realidade de hoje define nosso amanhã. Quando ouvimos os ecos de frustrações similares entre profissionais, como as adversidades na contratação de estagiários, só para citar um exemplo, pode parecer reconfortante pensar: "ah, não sou o único enfrentando isso". Mas você quer isso? Estar na bolha do "todo mundo"? Participar do "efeito manada"?

O efeito manada é um fenômeno fascinante e bem comum, especialmente quando pensamos em como nos comunicamos e tomamos decisões. Esse comportamento, que lembra um grupo de animais seguindo a mesma direção sem um líder claro, acontece também entre nós, humanos, em diversas situações.

1.1.2 A natureza do comportamento de manada

Reação em grupo: as pessoas, ao verem outras agindo de uma certa maneira, tendem a seguir o mesmo caminho. É como se houvesse um impulso de não ficar de fora ou de fazer parte da maioria.

Decisões baseadas no grupo: muitas vezes, as decisões são tomadas olhando para o que os outros estão fazendo, não tanto pelo que realmente se acredita ou se considera certo.

1.1.3 A influência na comunicação e nos negócios

Modismo: a frase "tudo aquilo que está definitivamente na moda já está saindo de moda" ilustra bem isso. As tendências vêm e vão rapidamente porque todos as seguem ao mesmo tempo.

Falta de diferenciação: quando todos seguem a mesma linha, perde-se a originalidade. Isso é um desafio especialmente para profissionais e marcas que buscam se destacar. O líder de mercado ou o profissional já estabelecido se beneficia dessa uniformidade, enquanto os que precisam de resultados diferentes acabam ficando em desvantagem.

1.1.4 Efeito manada x marketing

Oposição ao marketing efetivo: no coração do marketing está a ideia de se destacar, de oferecer algo único. O efeito manada, por outro lado, leva à homogeneidade. Para alguém que precisa de resultados diferentes, seguir o que todos estão fazendo pode ser a receita para o fracasso.

Em suma, o efeito manada é uma realidade que permeia a forma como nos comportamos em sociedade, influenciando desde nossas escolhas pessoais até estratégias de negócios. A chave para os profissionais e empresas que querem se destacar é reconhecer esse fenômeno e buscar formas de pensar e agir que realmente reflitam sua identidade e valores únicos, ao invés de simplesmente seguir a corrente. É desafiador, mas essencial para criar um espaço próprio num mundo onde a originalidade e a inovação são tão valorizadas.

E, infelizmente, isso se estende à gestão, processos e administração dos escritórios, incluindo aspectos financeiros, de gestão e de marketing.

Há vários anos, como consultora de negócios, tive o privilégio de trabalhar com inúmeros escritórios, em diferentes situações e regiões do país. Mais especificamente e falando em números, desde 2016, atendo uma média de quatro escritórios por semana.

Ouvindo e aconselhando arquitetos e designers que buscavam ampliar seus rendimentos, outros que ansiavam por menos complicações, alguns que queriam se reposicionar no mercado e ainda aqueles que desejavam equilibrar melhor trabalho e vida pessoal. A realidade é que sempre há margem para melhorar. Contudo, também é possível complicar ainda mais as coisas se não tomarmos as decisões certas.

Ir "Além da Arquitetura" é perceber que as decisões qualificadas que esses profissionais tomam impactam diretamente suas vidas pessoais. Falo isso com a propriedade de quem, embora não atue na criação de espaços e ambientes, já experimentou o peso do *burnout*. Uma experiência que, por mais difícil que tenha sido, trouxe valiosas lições. Ou decidimos proativamente mudar e adaptar-nos, ou, eventualmente, as circunstâncias nos forçarão a fazê-lo.

A decisão final está em suas mãos. Não espere que o mundo decida por você. Não permita ser levado à beira do precipício. Escolha, de maneira consciente e deliberada, trilhar um caminho que reflita verdadeiramente suas aspirações e objetivos. E, lembre-se, é sempre tempo de escolher um novo começo.

1.2 A essência do sucesso em arquitetura e interiores

O que realmente significa ter sucesso em arquitetura e interiores? Pode ser tentador, em primeira instância, medir o sucesso pelo número de prêmios em uma prateleira ou pelo saldo em uma conta bancária. Estas, de fato, são métricas tangíveis e fáceis de quantificar. No entanto, ao mergulhar mais profundamente na essência do que realmente significa ser bem-sucedido em campos tão intrinsecamente criativos e impactantes, a história se torna bem mais complexa e, ousaria dizer, mais rica.

Primeiramente, é vital reconhecer que a arquitetura e o design não são meramente profissões, mas vocações. São áreas que, em sua essência, têm o poder de transformar espaços, vidas e, em escala maior, comunidades inteiras. Assim, o sucesso não pode ser somente sobre o indivíduo, mas sobre o impacto e a contribuição que seu trabalho proporciona à sociedade.

Tomemos, por exemplo, Zaha Hadid. A aclamada arquiteta iraquiana-britânica nunca se contentou com o comum, desafiando as convenções da arquitetura com seu estilo futurista e orgânico. Embora muitos de seus projetos, como o Centro Aquático de Londres e a Ópera de Guangzhou, sejam mundialmente reconhecidos, seu verdadeiro sucesso residia em sua paixão inabalável e na capacidade de romper barreiras em um domínio majoritariamente masculino.

Da mesma forma, Shigeru Ban é mais um nome que merece destaque, não apenas por sua inovação em usar materiais reciclados, mas também pela profundidade de seu propósito. Em vez de se concentrar exclusivamente em estética, Ban projetou habitações temporárias para refugiados e vítimas de desastres naturais, evidenciando que sucesso também está em causar impacto positivo no mundo.

E, falando em legado, como poderíamos esquecer de Frank Lloyd Wright? O arquiteto americano não apenas deixou sua marca com projetos icônicos, como a Casa da Cascata, mas também influenciou uma geração inteira com sua filosofia e abordagem única para integrar construções à natureza.

A satisfação pessoal, frequentemente subestimada, é uma pedra angular do sucesso verdadeiro. Trabalhar em projetos que ressoam com seus valores, que desafiam sua criatividade e que trazem um sentido de realização não tem preço. É a diferença entre acordar todos os dias com uma sensação de propósito contra simplesmente ir trabalhar.

1.2.1 O sucesso além dos holofotes: equilíbrio e qualidade de vida

Enquanto o mundo se deleita com edifícios magníficos e designs inovadores, há uma dimensão do sucesso que, frequentemente, permanece na penumbra: a busca pela qualidade de vida e pelo equilíbrio entre vida profissional e pessoal.

No universo da arquitetura e do design, é fácil ficar encantado com a adulação do público e a tentação de sempre buscar o próximo projeto grandioso. No entanto, esse frenesi constante pode criar um vácuo, onde o profissional se vê em uma esteira rolante de demandas intermináveis, prazos e pressões. Em meio a esse turbilhão, a conexão com o próprio eu e com as coisas que verdadeiramente importam na vida pode se tornar tênue.

E reflita: você não pode estar tão ocupado ao ponto de não apreciar o processo.

O que é, afinal, um projeto espetacular se não há tempo para celebrar sua conclusão com entes queridos? Qual o valor de um design inovador se, ao final do dia, o profissional se sente exausto e desconectado de seus próprios anseios e paixões?

Os momentos mais preciosos frequentemente estão nas nuances mais sutis da vida. Pode ser um jantar tranquilo com a família, uma caminhada descompromissada pela natureza, uma tarde lendo um bom livro ou mesmo um *hobby* há muito esquecido. A capacidade de se desconectar, refletir e recarregar não é apenas essencial para o bem-estar pessoal, mas também alimenta a criatividade e a inspiração no trabalho.

Deste modo, é crucial que arquitetos, designers e profissionais da área reconheçam que sucesso verdadeiro não é apenas medido por projetos e reconhecimento, mas também pela habilidade de equilibrar as demandas da carreira com a necessidade intrínseca de bem-estar e realização pessoal.

Enquanto consultora de negócios, muitas vezes testemunho a luta desses profissionais em busca desse equilíbrio. E a mensagem que sempre procuro transmitir é clara: *não negligencie o que realmente importa*. Afinal, a arquitetura e o design são, em sua essência, sobre melhorar a vida das pessoas — e isso inclui a vida do próprio criador.

Não basta ser bom para o cliente. Tem que ser bom para você também.

E o que isso compreende, fundamentalmente?

Saúde: nada é mais valioso. Sem uma saúde robusta, física e mental, até o mais magnífico dos projetos pode perder seu brilho. Um corpo cansado e uma mente estressada não conseguem, a longo prazo, manter a chama criativa acesa. E vale lembrar: o estresse crônico não apenas afeta a capacidade criativa, mas tem consequências tangíveis para a saúde, podendo desencadear uma série de condições médicas.

Participação na comunidade: estar verdadeiramente integrado em sua comunidade proporciona uma sensação de pertencimento e propósito. Para arquitetos e designers, a comunidade é também uma fonte inestimável de inspiração, oferecendo *insights* sobre as necessidades e desejos das pessoas. Afinal, a arquitetura é feita para pessoas!

Aprendizagem contínua: a evolução profissional não se resume apenas a aprender novas técnicas ou acompanhar as tendências. A aprendizagem constante expande horizontes, alimenta a criatividade e nos mantém intelectualmente vivos. Seja por meio de cursos, leituras ou conversas inspiradoras, é essencial manter a chama do aprendizado acesa.

Vida familiar e relacionamentos: as relações humanas são a essência da vida. De que vale um projeto icônico se não há ninguém querido para compartilhar a alegria do sucesso? Fomentar relacionamentos saudáveis e investir tempo de qualidade com a família são pilares para uma vida plena.

Causas sociais e voluntariado: o verdadeiro sucesso transcende a realização pessoal. Contribuir para causas maiores e participar de atividades voluntárias não apenas enriquece a alma, mas também oferece uma perspectiva mais ampla da vida e do impacto que um indivíduo pode ter no mundo.

Crença e fé: independentemente da religião ou filosofia de vida, ter uma crença ou fé é um alicerce poderoso. Proporciona um sentido de propósito, oferece consolo nos momentos difíceis e, muitas vezes, é uma fonte de inspiração.

Para arquitetos, designers e profissionais afins, é essencial lembrar que a carreira é apenas uma faceta da vida. O verdadeiro sucesso é holístico e abrange todas as áreas da existência. O desequilíbrio cobra um preço alto. E, como consultora de negócios, minha missão é ajudar esses profissionais a reconhecer e buscar essa plenitude, equilibrando as demandas da carreira com a riqueza da experiência humana em todas as suas nuances.

1.2.2 O legado além da tinta e pedra

Arquitetos não apenas moldam espaços; eles moldam histórias, vidas e, em última instância, o legado de uma civilização. Através de suas criações, eles têm a capacidade singular de imortalizar uma era, uma cultura ou uma visão. O privilégio de esculpir a silhueta de cidades e definir a atmosfera de ambientes internos carrega consigo uma profunda responsabilidade. Não é apenas sobre estética, mas sobre a mensagem e o impacto que essas estruturas e espaços deixarão para as gerações vindouras.

Imagine um mundo sem a Torre Eiffel, o Taj Mahal ou o Fallingwater de Frank Lloyd Wright... Estas não são meramente estruturas; são narrativas de pedra e metal que contam histórias de paixão, inovação e visão. Eles são testemunhos do espírito humano e da busca inabalável pela excelência.

Contudo, é essencial entender que o legado não é apenas sobre grandiosidade. Muitas vezes, são os espaços mais modestos e as inovações sutis que têm o impacto mais duradouro. Uma sala projetada para fomentar a comunicação e a conexão pode moldar inúmeras memórias familiares.

Uma praça pública projetada para inclusão pode tornar-se o coração palpitante de uma comunidade. Em sua essência, cada projeto é uma oportunidade de tocar vidas, de influenciar o presente e de esculpir o futuro.

Ao refletir sobre a jornada de qualquer profissional na arquitetura, é vital lembrar que sua influência vai muito além de esboços e planos. Trata-se de moldar experiências, de criar conexões e, acima de tudo, de deixar um legado. Em cada linha traçada e cada tijolo colocado, há uma história esperando para ser contada, uma vida esperando para ser impactada. E no cerne de tudo isso reside a verdadeira essência do sucesso: a capacidade de combinar paixão e propósito, equilibrando aspirações profissionais com a busca incessante por qualidade de vida e bem-estar. Porque, no final das contas, é a harmonia entre nosso trabalho e nosso mundo interior que define o verdadeiro significado de uma vida bem vivida.

1.3 Superando obstáculos: teorias contemporâneas para o profissional de design e arquitetura

Neste universo profissional, arquitetos não enfrentam apenas os desafios técnicos e práticos que os projetos trazem, que carinhosa e divertidamente, cunhei de "Arqui perrengues", sendo *perrengue* uma expressão muito usada do Rio Grande do Sul — mas conhecida em todo Brasil —, onde nasci, usada para definir dificuldade, problema, situação complicada, difícil de ser resolvida.

Questões relacionadas à gestão diária, interação com clientes, ética profissional, concorrência e equilíbrio entre vida pessoal e trabalho estão constantemente no horizonte desses profissionais.

Para ajudar a navegar nesses desafios, vamos explorar algumas teorias modernas e conceitos que podem servir como bússola:

1.3.1 A resiliência projetada

A resiliência é muitas vezes vista como a capacidade de se recuperar rapidamente de dificuldades; é uma habilidade que muitos consideram inata, uma espécie de qualidade inerente. No entanto, quando falamos de "Resiliência Projetada", estamos abordando uma perspectiva mais proativa, onde resiliência é vista não apenas como uma reação, mas como um design cuidadosamente planejado.

Imagine uma estrutura arquitetônica — ela não é apenas construída para se manter firme durante os bons tempos. Em regiões propensas a terremotos, por exemplo, os edifícios são projetados para suportar e absorver os tremores, balançando de maneira controlada ao invés de desmoronar. Eles são construídos com a expectativa de adversidade e, mais crucialmente, são projetados para adaptar-se e responder a ela.

Da mesma forma, arquitetos podem projetar suas carreiras com a mesma filosofia. Isto significa:

Antecipar mudanças: assim como os engenheiros civis avaliam os riscos e preparam edifícios para terremotos, os profissionais podem ficar de olho nas tendências emergentes do mercado e ajustar suas habilidades e conhecimentos para estarem sempre à frente. Mas atenção: não estamos falando apenas de técnicas criativas.

Exemplo: com o advento da realidade virtual e aumentada, um arquiteto que prevê a crescente importância dessa tecnologia pode investir em treinamento e software relacionados, permitindo-lhe criar passeios virtuais imersivos de projetos propostos para clientes.

Flexibilidade de habilidades: isso não significa apenas ter uma variedade de habilidades, mas ser capaz de moldá-las e adaptá-las conforme necessário.

Exemplo: um designer de interiores, que notou a crescente demanda por espaços de trabalho em casa devido à pandemia global, pode reorientar suas habilidades e conhecimento para atender a essa necessidade específica, oferecendo soluções ergonômicas e esteticamente agradáveis para escritórios domésticos.

Aprenda com falhas: em vez de ver os desafios ou projetos fracassados como reveses, veja-os como oportunidades de aprendizado. Avalie o que deu errado, faça ajustes e use essa experiência como base para o futuro.

Exemplo: se um projeto arquitetônico não é aprovado devido a preocupações ambientais, em vez de abandonar o design, um arquiteto pode aprofundar sua compreensão das práticas sustentáveis e reintegrar esses aprendizados em projetos futuros.

Em resumo, a "resiliência projetada" para arquitetos e designers não é apenas sobre superar desafios, mas sobre construir proativamente uma carreira que seja adaptável e flexível aos altos e baixos inevitáveis do mercado. Assim como um edifício resiliente, é a preparação e o planejamento que determinarão quão bem se pode responder quando a adversidade ocorre. E cá para nós: você é uma empresa; ninguém vai trazer o cliente para você e se isso fosse verdade, você seria o funcionário, não o *head*!

1.3.2 Teoria dos jogos na arquitetura e interiores

A teoria dos jogos é um ramo da matemática que estuda a tomada de decisões estratégicas em situações em que as escolhas de diferentes agentes influenciam uns aos outros. Ela analisa como participantes, em cenários competitivos ou cooperativos, selecionam suas ações para maximizar seus benefícios, considerando as possíveis reações dos outros envolvidos. Ao aplicar essa teoria, é possível maximizar os resultados de decisões, levando em consideração não apenas seus próprios interesses, mas também os dos outros envolvidos.

1.3.3 Princípios básicos e aplicação profissional

Decisões estratégicas: assim como num jogo de xadrez, cada movimento que você faz tem implicações não apenas para sua posição atual, mas para futuros movimentos e oportunidades.

Exemplo: imagine um profissional que decide investir tempo e dinheiro em ações de marketing recorrente.

Antecipar movimentos dos outros: no mundo profissional, entender e prever as ações e reações dos outros pode ser vital para o sucesso de um projeto.

Exemplo: um paisagista, ao propor um jardim comunitário em um bairro urbano, deve considerar as preferências e preocupações dos moradores locais. Se ele antecipar que haverá preocupações com a manutenção, pode projetar um jardim de baixa manutenção ou organizar um sistema de voluntariado para cuidar do espaço.

Colaboração e competição: nem todos os "jogos" são de soma zero, onde um ganha e o outro perde. Muitas vezes, a colaboração pode levar a um resultado em que todos se beneficiam.

Exemplo: uma equipe multidisciplinar composta por designers de interiores, arquitetos e especialistas em iluminação trabalhando juntos em um projeto. Em vez de competir por espaço e recursos, eles colaboram, compartilham ideias e, juntos, criam um espaço que é mais funcional, estético e inovador do que se tivessem trabalhado isoladamente.

Benefício mútuo: a verdadeira maestria na aplicação da teoria dos jogos ocorre quando se reconhece que, ao criar situações em que todos se beneficiam, os resultados são frequentemente mais sustentáveis e impactantes.

Exemplo: ao projetar um espaço público, ao considerar as necessidades de diferentes grupos —como crianças, idosos, pessoas com deficiência, entre outros —e ao projetar de forma inclusiva, o profissional não apenas cumpre seu papel social, mas também constrói uma reputação positiva, que pode abrir portas para futuros projetos.

Em resumo, a Teoria dos Jogos, quando aplicada à arquitetura, design e campos relacionados, se torna uma poderosa ferramenta estratégica. Ela incentiva os profissionais a olhar além de seus próprios objetivos e considerar o ecossistema mais amplo em que operam, levando a decisões mais informadas, inclusivas e benéficas para todos os envolvidos.

1.3.4 Design thinking para carreira

O "Design Thinking", ou Pensamento de Design, é uma abordagem inovadora que se concentra na solução de problemas de uma maneira centrada no humano. Ele é amplamente reconhecido por sua eficácia em abordar questões de design, mas o que muitos não percebem é que os mesmos princípios podem ser aplicados para navegar e moldar uma carreira bem-sucedida.

1.3.4.1 Entendendo o Design Thinking

A metodologia do Design Thinking é dividida em cinco etapas: empatizar, definir, idear, prototipar e testar. Vamos explorar cada etapa e entender como elas podem ser aplicadas ao desenvolvimento de carreira.

Empatizar: antes de tudo, é vital entender suas próprias necessidades, desejos, forças e fraquezas. Assim como um designer busca compreender profundamente as necessidades do usuário, você deve se aprofundar em seu próprio autoconhecimento, focando em forças e fraquezas.

Exemplo: Maria, uma designer de interiores, percebeu que, apesar de amar seu trabalho, sentia-se esgotada e insatisfeita. Em vez de simplesmente seguir em frente, ela decidiu fazer uma reflexão profunda, buscando entender suas reais motivações, desejos e limitações.

Definir: depois de se empatizar e entender suas próprias necessidades, é hora de definir claramente o problema.

Exemplo: Maria identificou que o esgotamento vinha da constante pressão de entregar projetos em prazos apertados, e que sua verdadeira paixão estava em projetos mais detalhados e introspectivos.

Idear: esta etapa envolve pensar em várias soluções possíveis para o problema definido. É um convite à criatividade e inovação.

Exemplo: para Maria, algumas ideias incluíram: transição para uma área de design mais especializada, buscar clientes que valorizem processos mais demorados ou até mesmo iniciar um projeto paralelo focado em sua paixão.

Prototipar: em design, um protótipo é uma versão inicial de uma solução. Na carreira, isso pode significar testar uma nova abordagem ou caminho em uma escala menor antes de se comprometer totalmente com ela.

Exemplo: Maria decidiu oferecer workshops de design introspectivo[1] nos finais de semana, como um protótipo de sua nova direção de carreira.

[1] Design introspectivo é um processo de design que se concentra na investigação do próprio designer. É uma abordagem que busca entender as próprias experiências, valores e perspectivas do designer, a fim de criar projetos que sejam mais autênticos e significativos.
O design introspectivo é baseado na ideia de que os designers são os melhores especialistas em suas próprias experiências. Eles são os únicos que podem entender plenamente o que os motiva e o que os inspira. Ao se concentrarem em si, os designers podem criar projetos que sejam mais relevantes para eles e para seus usuários.

O design introspectivo pode ser aplicado a qualquer tipo de projeto de design, mas é particularmente útil para projetos que envolvem temas pessoais ou emocionais. Por exemplo, um designer que está criando um produto para ajudar pessoas com ansiedade pode usar o design introspectivo para entender suas próprias experiências com ansiedade. Isso pode ajudá-lo a criar um produto que seja mais eficaz e que realmente atenda às necessidades dos usuários.

Testar: uma vez que o "protótipo" de carreira está em movimento, é vital obter *feedback*, aprender com ele e fazer os ajustes necessários.

Exemplo: depois de alguns workshops, Maria percebeu que os participantes valorizavam mais a parte prática do que a teórica. Assim, ela ajustou seus workshops para atender a essa demanda.

O Design Thinking não é apenas uma ferramenta para criar produtos ou espaços inovadores. É uma mentalidade que, quando aplicada à carreira, pode proporcionar clareza, direção e a capacidade de se adaptar e evoluir em um mundo profissional em constante mudança. Ao abordar sua carreira como um "projeto de design", você se coloca no controle, pronto para enfrentar desafios e moldar seu próprio caminho de sucesso.

1.3.5 Minimalismo profissional

O minimalismo, em sua essência, é a arte da simplicidade e do foco. É sobre identificar o que é verdadeiramente importante e eliminar o excesso, permitindo que o essencial brilhe. Enquanto essa ideia é frequentemente associada a estilos de vida ou design de interiores, ela carrega uma potente mensagem para profissionais, especialmente para os arquitetos e designers em um mundo saturado de opções e distrações. Particularmente, considero esta uma ferramenta poderosa e pouco utilizada.

1.3.5.1 Entendendo o minimalismo profissional

Presentemente, com a infinidade de ferramentas, técnicas e estilos à disposição, pode ser tentador querer abraçar tudo. Muitos profissionais da área sentem que, para serem bem-sucedidos, precisam ser versáteis, capazes de lidar com uma vasta gama de projetos e demandas. No entanto, essa tentativa de ser um "faz-tudo" pode diluir a especialidade e a paixão, levando a um trabalho que, embora competente, pode carecer de personalidade ou profundidade.

Em se tratando de marketing e posicionamento, aliás, é comum dizer que quem fala com todo mundo, não fala com ninguém.

1.3.5.2 Aplicando o minimalismo à carreira

Identificar o essencial: pergunte a si: "qual é o cerne da minha paixão? O que eu realmente amo fazer?".

Exemplo: Rodrigo, um arquiteto experiente, percebeu que, apesar de ser capaz de projetar de tudo, sua verdadeira paixão estava em projetos sustentáveis. Ele sentia um brilho nos olhos ao criar espaços que não apenas eram esteticamente agradáveis, mas também respeitosos ao meio ambiente.

Eliminar o excesso: assim que identificar o que é essencial, é hora de considerar o que pode ser eliminado ou reduzido. Isso não significa abandonar habilidades ou conhecimentos, mas priorizar o que realmente importa.

Exemplo: Rodrigo decidiu que, em vez de aceitar qualquer projeto que viesse em seu caminho, ele se concentraria em promover e aceitar principalmente projetos com foco em sustentabilidade.

Aprimorar e refinar: com um foco mais estreito, você pode se dedicar a aperfeiçoar suas habilidades em uma área específica, tornando-se um especialista reconhecido e destacado da multidão. Ficou mais fácil se comunicar, procurar os canais certos de divulgação e parceria.

Por isso, pesquise seu mercado e região: não é só sobre desejos, é sobre o que fazer com eles, num mercado definido.

Exemplo: Rodrigo passou a frequentar cursos, workshops e conferências relacionadas à arquitetura sustentável, ampliando seu conhecimento e rede de contatos nessa área.

O minimalismo profissional não é sobre fazer menos, mas sim sobre fazer "mais com menos". É uma abordagem deliberada para a carreira, que envolve escolher projetos e oportunidades que estejam alinhados com suas paixões e habilidades, permitindo que você entregue um trabalho de maior qualidade e satisfação pessoal. Para os arquitetos que se sentem sobrecarregados ou dispersos, abraçar o minimalismo pode ser o caminho para uma carreira mais focada, gratificante e bem-sucedida.

Estes conceitos não são soluções mágicas, mas sim ferramentas e mentalidades que podem ajudar os profissionais de design e arquitetura a moldar sua carreira de forma mais intencional e significativa.

Enfrentar desafios é uma parte inerente da jornada de qualquer profissional. No entanto, com as abordagens corretas e uma mentalidade adaptativa, esses obstáculos podem se transformar em oportunidades de crescimento e aprendizado, permitindo que os profissionais não apenas sobrevivam, mas prosperem e floresçam em suas carreiras.

1.4 Caminhos trilhados: reflexões na jornada

Ao entrelaçarmos os contornos de nossa trajetória, somos remetidos a momentos marcantes, encruzilhadas e experiências que forjam a essência do nosso percurso profissional. Cada arquiteto, designer ou paisagista traz em seu repertório histórias que, além de serem intrinsecamente pessoais, iluminam possíveis veredas para os colegas de profissão.

A realidade para muitos que se lançam neste universo é o chamado "efeito recém-formado". A efervescência da entrada no mercado de trabalho pode encobrir uma paisagem por vezes árida, na qual se misturam a necessidade de estabelecer um nome e a sedução de aceitar menos do que se vale. Esta fase, que deveria ser transitória, pode erroneamente se estender, criando um paradigma de que o sacrifício sem limites é a norma.

Nos corredores digitais das redes sociais, é fácil se deslumbrar com imagens de colegas vivendo o sonho, trabalhando em ambientes deslumbrantes e aparentemente tendo tempo de sobra. Enquanto a dedicação é a chave, não devemos esquecer da importância do equilíbrio. Semanas intensas virão, mas não devem se tornar a rotina.

E nas entrelinhas dessa jornada, certas histórias e desafios se repetem, formando o mosaico da experiência profissional:

1.4.1 I – Subvalorização do trabalho: navegando entre favores e valoração

Os dados do censo do Conselho de Arquitetura e Urbanismo do Brasil (CAU/BR, 2021)[2] revelam uma realidade preocupante sobre a renda dos arquitetos, que é surpreendentemente baixa. Isso me leva a uma reflexão profunda sobre a valorização desses profissionais no mercado. Eles expressam uma insatisfação notável com a remuneração que recebem, algo que, em minha opinião, reflete uma lacuna na habilidade empresarial voltada para vendas no setor.

Por outro lado, o mercado parece ter a percepção de que a sociedade não valoriza a arquitetura. Esse é outro ponto intrigante revelado pelo

[2] https://caubr.gov.br/acesse-os-resultados-do-ii-censo-das-arquitetas-e-arquitetos-e-urbanistas-do-brasil/

censo. Mas isso me faz questionar: quem, de fato, não está valorizando quem? Será que os próprios arquitetos e o mercado da arquitetura estão falhando em demonstrar seu valor e importância para a sociedade? Parece haver um ciclo vicioso em que a falta de valorização percebida externamente pode estar refletindo uma desvalorização interna, uma incapacidade de se posicionar e vender a importância e a singularidade do trabalho arquitetônico.

Essa reflexão leva a pensar sobre como os arquitetos podem reverter essa situação. É vital que se veja não só como criadores de espaços, mas também como profissionais de um setor que necessita de habilidades de negócios afiadas, capacidade de comunicação efetiva e uma estratégia sólida para mostrar ao mundo a relevância e o impacto da arquitetura. A valorização precisa começar de dentro para fora, transformando não só a percepção pública, mas também reforçando o valor intrínseco e a autoestima desses profissionais.

Projetos "como favor": para muitos profissionais, os primeiros projetos frequentemente surgem do círculo de conhecidos: amigos, familiares ou colegas. Neste contexto, é comum que sejam feitos pedidos para elaborar projetos "como um favor", muitas vezes com a promessa implícita ou explícita de que isso poderá abrir portas no futuro. O dilema reside no fato de que, ao aceitar tais solicitações, o profissional pode involuntariamente estabelecer um precedente de que seu trabalho é menos valioso ou até gratuito. Além disso, ao trabalhar de graça ou por valores simbólicos, pode-se também transmitir ao cliente a ideia de que o serviço oferecido é de menor importância ou qualidade.

Pressão externa e o mercado: o mercado de trabalho, especialmente em áreas saturadas, pode exercer uma pressão significativa sobre os recém-chegados e até sobre os experientes, que vivem a síndrome do recém-formado. Com um desejo ardente de se estabelecer e ganhar experiência, muitos arquitetos podem sentir-se compelidos a aceitar ofertas abaixo do valor de mercado, na esperança de construir um portfólio robusto ou de estabelecer uma rede de contatos. No entanto, essa pressão externa, quando não gerenciada, pode levar a uma desvalorização sistemática do trabalho, com repercussões tanto a curto quanto a longo prazo.

Consequências da subvalorização: aceitar constantemente trabalhos mal remunerados ou gratuitos pode ter impactos multifacetados. Financeiramente, torna-se desafiador manter uma prática sustentável. Em termos de percepção de mercado, a desvalorização pode erodir o respeito e a apreciação pela especialidade. Além disso, no nível pessoal, pode alimentar sentimentos de insatisfação, frustração e esgotamento.

A valorização do próprio trabalho vai além do retorno financeiro. Representa o reconhecimento da formação, da dedicação e da paixão investidos em cada projeto. Enquanto é natural e até benéfico oferecer serviços pro bono ou com desconto em situações específicas, é crucial que essas decisões sejam intencionais e não o produto de pressões externas ou autoimpostas. Ao firmar-se na convicção do valor de seu trabalho, o profissional não apenas fortalece sua prática, mas também contribui para elevar o padrão da indústria como um todo.

1.4.2 Conflito entre visão e realidade: navegando entre sonhos e limitações

No coração de todo arquiteto, designer ou artista, pulsa uma visão: um lampejo de algo novo, belo e transformador. É esse ímpeto criativo que os move, permitindo que visualizem o que poderia ser, ao invés de apenas o que é. No entanto, entre essa visão e sua concretização, frequentemente encontra-se um vasto mar de realidades práticas que podem temperar, moldar ou até mesmo desafiar a concepção original.

A alquimia da criação: uma ideia, em sua forma mais pura, é como um metal precioso. Ela brilha com possibilidades e promessas. Porém, ao trazer essa ideia para o mundo tangível, o profissional se depara com o processo alquímico de misturá-la com os elementos da realidade. Estes podem incluir orçamentos restritos, leis de zoneamento, materiais disponíveis e até mesmo a opinião e o gosto do cliente.

A resistência ao novo: a história está repleta de visionários que enfrentaram resistência. Uma ideia inovadora, por sua natureza, desafia o *status quo*. Para alguns, isso é excitante e refrescante. Para outros, pode ser desconcertante ou até mesmo ameaçador. Assim, quando um arquiteto apresenta um design revolucionário ou um conceito fora da caixa, ele pode ser recebido com ceticismo ou resistência. É o eterno jogo de empurrar fronteiras enquanto equilibra as expectativas.

A arte da negociação e adaptação: ser criativo não se trata apenas de ter grandes ideias, mas também de saber como adaptá-las, negociá-las e, às vezes, defendê-las. Isso requer tanto habilidade diplomática quanto flexibilidade. Em alguns casos, um compromisso pode levar a uma solução ainda mais inovadora; em outros, o profissional pode decidir que sua visão original vale a luta.

A reconciliação interna: talvez o desafio mais profundo seja o conflito interno que um profissional pode sentir quando sua visão se choca com a realidade. Pode haver momentos de dúvida, frustração ou até mesmo desilusão. No entanto, é nesses momentos que muitos encontram sua verdadeira força, reavaliando o que é fundamental para eles e descobrindo novas maneiras de trazer sua visão ao mundo.

O conflito entre visão e realidade é uma dança intrincada, um balé de sonhos e pragmatismo. Cada profissional deve encontrar seu próprio caminho através deste terreno, aprendendo a equilibrar o impulso criativo com as demandas concretas do mundo ao seu redor. E, embora possa haver tensões ao longo do caminho, é essa jornada que molda, desafia e, em última instância, define a carreira de um verdadeiro inovador.

1.4.3 A dança entre vida e trabalho: encontrando o equilíbrio no palco da carreira

O palco da vida profissional, especialmente nas áreas criativas, como arquitetura e áreas afins, muitas vezes se assemelha a um teatro, onde cada um tenta dar o melhor de si, desejando ser aplaudido e reconhecido por sua performance. Nesse cenário, a dança entre a vida e o trabalho é uma coreografia complexa, exigindo destreza, equilíbrio e uma profunda autoconsciência.

Em busca do holofote: para muitos recém-formados ou aqueles que buscam solidificar sua posição no mercado, há uma inclinação quase magnética em direção ao centro do palco —um lugar de visibilidade e reconhecimento. Esta busca, muitas vezes, impulsiona horas intermináveis de trabalho, sacrifício de fins de semana e feriados, tudo com a esperança de que esses esforços se traduzam em oportunidades, reputação e, claro, recompensa financeira.

O custo oculto da performance: porém, assim como um dançarino pode se lesionar se não cuidar de seu corpo e mente, o profissional que constantemente coloca sua vida pessoal em segundo plano pode começar a sentir os efeitos colaterais de tal decisão. O esgotamento não é apenas físico, mas emocional e mental. Relacionamentos podem ser negligenciados, a saúde pode ser comprometida e, ironicamente, a própria criatividade —o coração da profissão —pode ser sufocada.

Redefinindo o sucesso: a verdadeira maestria na dança entre vida e trabalho não se trata de quão alto ou quão longe um indivíduo pode ir, mas de quão bem ele pode equilibrar-se entre dois mundos. Sucesso, quando visto através de uma lente mais holística, incorpora bem-estar, relacionamentos enriquecedores e satisfação pessoal, tanto quanto conquistas profissionais.

A dança contínua: a realidade é que, em qualquer carreira, haverá momentos de intensidade e períodos mais calmos. Assim como em uma dança, haverá altos e baixos, viradas rápidas e pausas contemplativas. O segredo é estar presente em cada movimento, reconhecer quando é hora de avançar e quando é hora de recuar e, acima de tudo, ouvir a música interior que guia a jornada.

É por tudo isso que a dança entre vida e trabalho é uma das mais desafiadoras que um profissional pode empreender. Mas com consciência, introspecção e uma definição clara do que realmente importa, é possível criar uma coreografia que não apenas ressoe com sucesso no mundo exterior, mas também alimente a alma e enriqueça a vida interior.

1.4.4 O compasso do aprendizado: mantendo o passo com um mundo em evolução

O mundo dos traços, com sua inerente fusão de arte e técnica, nunca fica estático por muito tempo. Cada novo dia apresenta novas tendências, tecnologias, materiais e aspirações. Para o profissional dedicado, esta é uma melodia que toca insistentemente nos ouvidos, um chamado a dançar no compasso da mudança. Mas, assim como em qualquer dança, manter-se atualizado requer técnica e treinamento.

As notas da novidade: em qualquer área do design, seja arquitetura, design de interiores ou paisagismo, as tendências vêm e vão como notas musicais. Algumas são breves, efêmeras, enquanto outras ecoam por décadas. O profissional atento é aquele que escuta ativamente, discernindo quais tendências têm substância e quais são meramente modismos passageiros.

A coreografia da tecnologia: com a evolução da tecnologia, o que era impossível ontem pode se tornar a norma de amanhã. Softwares inovadores, técnicas avançadas de construção e materiais revolucionários estão remodelando constantemente o que é possível. Abraçar essas ferramentas não é apenas uma questão de eficiência, mas também de expansão da própria linguagem criativa.

Aulas de Mestre: Assim como os dançarinos buscam mestres para aperfeiçoar sua técnica, os designers se beneficiam enormemente de mentores, cursos e workshops. A aprendizagem contínua é o pilar que sustenta a relevância e o crescimento profissional, permitindo que se enriqueçam tanto em habilidade quanto em perspectiva.

A Improvisação da Experiência: Tão importante quanto aprender as novas tendências é a capacidade de improvisar com base na experiência passada. À medida que o profissional avança em sua carreira, ele desenvolve uma intuição afinada, um senso de quando seguir o fluxo e quando desafiar o *status quo*.

O compasso do aprendizado não é apenas sobre absorver novos conhecimentos, mas também sobre evoluir como artista e técnico. E, ao manter o ritmo com o mundo em constante mudança ao seu redor, ele não apenas se adapta, mas também molda e influencia a direção da melodia. E no centro das inovações está o cliente e seus novos hábitos de viver.

1.4.5 Os desafios da comunicação: orquestrando harmonia em meio à diversidade

A comunicação é a espinha dorsal de qualquer projeto de design, atuando como a ponte entre a visão criativa e sua manifestação tangível. Mas em um cenário profissional diversificado, com uma mistura rica de gerações, culturas e perspectivas, essa ponte pode, às vezes, parecer mais uma corda bamba.

O eco das gerações: cada geração traz consigo uma linguagem única, moldada por suas experiências, tecnologias e contextos culturais. Quando um arquiteto veterano se encontra com um cliente Millennial ou Gen Z, por exemplo, pode surgir um desafio de tradução. A linguagem técnica e estilística que um profissional sênior domina pode não ressoar da mesma forma para alguém que cresceu em uma era digital.

Abordagens em conflito: a multiplicidade de abordagens no design, desde as mais tradicionais até as vanguardistas, pode levar a mal-entendidos.

Um designer pode visualizar um espaço aberto e fluido, enquanto o cliente imagina algo mais estruturado e formal. Aqui, a habilidade de traduzir e adaptar ideias é crucial.

Ferramentas e técnicas: a velocidade com que novas ferramentas e plataformas de comunicação surgem pode criar lacunas. Enquanto uma geração pode preferir apresentações detalhadas em CAD, outra pode se inclinar para visualizações interativas em realidade virtual.

A arte da escuta ativa: mais do que falar, a comunicação eficaz muitas vezes envolve escutar — e escutar profundamente. Isso significa não apenas ouvir as palavras, mas também captar as nuances, sentimentos e aspirações subjacentes. É um reconhecimento de que cada cliente, colega ou colaborador traz uma riqueza de experiência que pode enriquecer o projeto.

O problema de muitos profissionais de arquitetura está em ouvir pouco seus clientes. Quando isso é identificado na consultoria, tudo muda.

Vamos falar sobre isso mais para a frente, enquanto isso, reflita.

Flexibilidade e empatia: no núcleo dos desafios de comunicação está a necessidade de flexibilidade e empatia. Entender que cada pessoa tem um ponto de vista válido e trabalhar para criar um espaço de diálogo onde essas perspectivas possam convergir é o caminho para o sucesso.

Os desafios da comunicação, embora complexos, não são intransponíveis. Ao abordá-los com curiosidade, abertura e respeito, os profissionais podem transformar potenciais obstáculos em oportunidades. E no processo, eles descobrirão que a diversidade, longe de ser um problema, é, na verdade, uma das maiores forças propulsoras da inovação e da excelência no design.

1.4.6 A arte da gestão: navegando entre o pragmatismo e a paixão

O ato de criar, de transformar espaços e conceitos em realidades tangíveis, é uma das grandes paixões que movem arquitetos e designers. Porém, ao dar o salto para a gestão de um negócio, esses profissionais muitas vezes se encontram navegando por águas desconhecidas, onde a criatividade encontra o pragmatismo.

As finanças como bússola: cada projeto é uma empreitada financeira, e entender os intricados fluxos de caixa, orçamentos, custos e projeções é vital. O desafio não está apenas em equilibrar as finanças, mas em fazê-lo de forma que o impulso criativo não seja comprometido pelo pragmatismo econômico. Invista em assessoria financeira (foque no que você é bom) e mantenha os números como resultado. Ou melhor, dizem que os números falam. Quer saber? É verdade!

Orquestrando talento: uma equipe é tão diversa quanto uma paleta de cores. Gerenciar talentos distintos, com suas aspirações, habilidades e personalidades, requer uma maestria em liderança. A harmonia desejada nos projetos também deve ser refletida na sinergia da equipe. Aqui está um grande desafio que, ao ser superado, traz grande retorno.

Conexão com o cliente: a gestão também envolve construir e manter relações duradouras com os clientes. A habilidade de entender, negociar e atender às expectativas dos clientes, sem comprometer a visão artística, é uma dança delicada.

O desafio da logística: da aquisição de materiais à coordenação de fornecedores e subcontratados, a logística por trás de cada projeto pode ser tão complexa quanto um quebra-cabeça. A arte aqui está em assegurar que cada peça se encaixe harmoniosamente, respeitando prazos e padrões de qualidade. Os fornecedores "bajulam" os profissionais; mas os profissionais que entenderam que precisam mais dos fornecedores do que parece, levam vantagem competitiva.

A importância dos fornecedores no universo da arquitetura e do design é um aspecto que não pode ser subestimado. Em um mercado cada vez mais competitivo, a presença de fornecedores confiáveis é um diferencial crucial. Vamos pensar nisso: a falta de parceiros de confiança pode ser um grande entrave para o desenvolvimento de projetos eficientes e de qualidade. Quando um profissional não pode contar com fornecedores que entreguem materiais ou serviços dentro dos padrões e prazos necessários, toda a cadeia do projeto sofre.

Por outro lado, arquitetos e designers que têm ao seu lado fornecedores confiáveis desfrutam de uma vantagem competitiva expressiva. Essa confiança mútua permite não só a fluidez na execução dos projetos, mas também assegura a qualidade e a satisfação do cliente final. Os clientes tendem a seguir as recomendações desses profissionais quando percebem que suas escolhas são respaldadas por resultados consistentes e positivos.

Podemos ressaltar como um lema essencial: "fornecedores de confiança são a espinha dorsal de projetos bem-sucedidos". Esse lema reflete a realidade de que, no fim das contas, uma parceria sólida com fornecedores é mais do que uma mera conveniência — é uma estratégia inteligente que coloca profissionais à frente no mercado, garantindo não apenas a execução impecável dos projetos, mas também construindo uma reputação de confiabilidade e excelência tanto para si quanto para os fornecedores com quem escolhem trabalhar.

Afinal, quem casa quer casa, e quem faz projeto quer... obra!

O crescimento contínuo: como em qualquer arte, a gestão também é uma jornada de aprendizado constante. A capacidade de se adaptar, inovar e superar desafios é o que diferencia um negócio bem-sucedido de um que fica pelo caminho.

A gestão, em sua essência, é uma extensão do trabalho a realizar. Ela requer uma visão clara, um planejamento meticuloso e, acima de tudo, uma paixão inabalável. Se você ama a arquitetura, comece a se tratar como uma empresa! Para aqueles dispostos a abraçar tanto os desafios pragmáticos quanto os criativos, a gestão pode se tornar uma obra-prima em si, tão gratificante quanto qualquer projeto bem executado.

1.4.7 Autonomia e sustentabilidade: gerindo o escritório e investindo no futuro

Adentrar no mundo da gestão de um escritório próprio é, por si só, um imenso passo na carreira de um arquiteto ou designer. Este passo, embora carregado de autonomia e liberdade, carrega consigo responsabilidades adicionais que vão além da criação.

A cara do negócio: administrar um escritório não é apenas sobre espaço físico, mas sobre criar um ambiente que reflita a identidade da marca, que seja produtivo, inspirador para a equipe e que transmita confiança e profissionalismo aos clientes.

Finanças pessoais e corporativas: Manter as finanças do escritório em ordem é vital, mas igualmente crucial é a gestão das finanças pessoais. Compreender onde e como investir os lucros, seja em novos recursos para o escritório, capacitação profissional ou em investimentos que garantam um futuro financeiro estável, é essencial. Um profissional seguro de si, faz toda a diferença e vende muito mais.

Planejamento a longo prazo: todo escritório precisa de uma visão de futuro. Isso envolve planejamento estratégico, considerando expansões, contratações, aquisições de tecnologia e, até mesmo, possíveis sucessões.

O poder do capital intelectual: o valor de um escritório não reside apenas em seus projetos realizados, mas no conhecimento acumulado. Investir em pesquisa, participação em conferências e colaborações com outras disciplinas amplia o capital intelectual, enriquecendo a proposta de valor ao cliente.

Cuidando da saúde financeira: ter uma visão clara das despesas e receitas, criar fundos de reserva, entender sobre taxas e obrigações fiscais e, se necessário— quase sempre é! —, buscar aconselhamento financeiro profissional são alicerces para a saúde financeira do escritório.

A autonomia de gerir um escritório próprio é, sem dúvida, um sinal de maturidade e crescimento profissional. No entanto, é um desafio que exige uma compreensão profunda não apenas da arte e da técnica, mas também do mundo dos negócios. Aqueles que conseguem orquestrar com maestria todas estas facetas não apenas garantem o sucesso de seu empreendimento, mas solidificam sua marca e legado no mundo da arquitetura e do design.

Finalizando essa trama de experiências, é claro que o percurso de um arquiteto é como uma montanha-russa de emoções e desafios. Cada reviravolta traz uma lição, um sabor de crescer e se adaptar.

Valorizar o trabalho vai além do dinheiro; é ver o suor, o esforço e o coração que vão em cada projeto. É equilibrar sonhos grandiosos com a vida real, lembrando que o mundo nem sempre se encaixa no nosso plano ideal. E mesmo enquanto tentamos acompanhar as últimas tendências, a chave está em aprender a escutar, a se conectar, a se expressar. E, vamos ser honestos, gerenciar qualquer coisa, seja um projeto ou um escritório, exige muita coragem e jogo de cintura.

Ao olhar para trás, o que realmente importa é a reflexão. Em um mundo que não para de mudar, onde o que é "*in*" hoje pode ser "*out*" amanhã, sucesso é mais do que troféus ou likes. É a habilidade de se adaptar, aprender e seguir em frente.

No meu trabalho com vocês, tenho apenas um objetivo: desejo que cada um enxergue mais que desafios em seu caminho: que veja oportunidades. Que erros não sejam derrotas, mas passos para algo maior. E que cada vitória seja uma celebração da incrível capacidade de imaginar, criar e mudar o mundo ao redor.

No final do dia, a carreira é como um mosaico: feita de escolhas, momentos e esforço. E é esse conjunto que mostra o que realmente significa ser um profissional: a união de dedicação, amor pelo que faz e um objetivo claro em meio a todos os altos e baixos.

PARTE II:
Sua Marca:
a Alma e a Identidade

2.1 Criando sua identidade única: um processo introspectivo

Entramos agora em um domínio tão instigante quanto elaborar a arquitetura perfeita de um espaço: moldar a essência da sua própria marca. Você já parou um momento diante do espelho, não para checar o cabelo ou a roupa, mas para questionar a imagem que projeta para o mundo ao seu redor? E não me refiro apenas ao visual, ao tangível. Refiro-me àquilo que emana de você, à sua verdadeira essência.

Pense na marca não apenas como um logotipo ou uma paleta de cores. Essa é apenas a superfície. A marca é a alma do seu negócio, da sua prática. Ela é o coração pulsante que informa ao mundo quem você é, o que defende e por que faz o que faz. É uma declaração, silenciosa, mas poderosa, de seus valores, crenças e visão de mundo.

Para ilustrar, vamos olhar para alguns dos gigantes em outros mercados:

Apple: mais do que produtos tecnológicos, a Apple vende uma experiência, uma sensação. Ela não é apenas reconhecida pelo seu icônico logo da maçã ou pelos seus produtos *premium*, mas pelo sentimento de inovação, design e exclusividade. Quando pensamos em Apple, imediatamente associamos a um estilo de vida moderno e sofisticado. A marca pulsa através de cada produto, publicidade e não fala sobre poder, mas sobre sentimento.

Nike: "*Just Do It*". Três palavras simples, mas que resumem a alma da Nike. Não se trata apenas de tênis ou roupas esportivas, mas de superação, determinação e paixão pelo esporte.

Starbucks: não é só café. É a experiência de se sentir em casa em qualquer lugar do mundo, de pertencer a uma comunidade global. A marca Starbucks evoca mais do que uma pausa para o café; ela simboliza um momento de relaxamento, de conexão.

Da mesma forma, profissionais da arquitetura, design ou qualquer outra área devem se perguntar: qual é a essência da minha marca? Não é apenas sobre os projetos que você entrega, mas sobre a experiência que proporciona, a memória que deixa, a transformação que realiza.

Portanto, ao moldar sua marca, não pense apenas em cores, logotipos ou slogans. Mergulhe fundo. Descubra sua verdadeira essência e garanta que ela ressoe em tudo que você faz. Porque, no final das contas, uma marca forte é aquela que, assim como a alma, deixa uma impressão duradoura e insubstituível.

2.1.1 De quantos clientes você precisa por ano?

A pergunta pode parecer uma mera questão de aritmética. Talvez, para muitos, ela seja inicialmente lida como um desafio de números, um cálculo rápido que se faz de cabeça. Porém, ao se aprofundar nessa indagação, percebe-se que ela é muito mais do que uma simples conta: é uma reflexão sobre a essência do seu negócio, sua visão estratégica e seu posicionamento no mercado.

Vamos desmembrar a pergunta:

Qualidade versus quantidade: ao se perguntar sobre a quantidade de clientes, você está, indiretamente, ponderando sobre a natureza de sua clientela. Você prefere ter muitos projetos menores que podem ser concluídos rapidamente, ou está buscando grandes projetos que levam mais tempo, mas têm mais presença e podem ser mais lucrativos? Esse equilíbrio entre qualidade e quantidade é essencial para definir o ritmo de trabalho e o tipo de cliente que você deseja atrair.

Capacidade e crescimento: saber quantos clientes você pode atender em um ano é também um exercício de autoconhecimento sobre a capacidade da sua equipe. Isso ajuda a planejar contratações, treinamentos e, até mesmo, se é o momento de expandir ou especializar.

Posicionamento de mercado: a pergunta também diz muito sobre como você quer ser percebido. Profissionais que optam por menos clientes, mas com projetos de alto valor, geralmente buscam um posicionamento *premium*. Já aqueles que optam por atender a mais clientes podem estar buscando volume, acessibilidade ou uma combinação de ambos, o que meus muitos anos de serviço em consultoria já mostraram não ser um bom negócio. De acordo com Ries e Trout (1981): "Posicionar é pensar o contrário. Em vez de começar consigo mesmo, comece pensando no que os outros pensam".

Relacionamento com o cliente: ter menos clientes pode permitir um relacionamento mais próximo e personalizado com cada um deles. Por outro lado, um grande volume pode exigir sistemas e processos mais robustos de gerenciamento de relacionamento.

Sustentabilidade financeira: definir quantos clientes atender por ano também impacta diretamente no fluxo de caixa, previsibilidade de receita e, consequentemente, na saúde financeira do negócio.

Mapeamento de região: volume não é assertividade. Defina antes de tudo quem são os seus clientes.

E por que entender tudo isso é tão crucial?

Bem, sem essa clareza, você pode se encontrar à deriva em um mar de oportunidades, sem um curso definido. Ter muitos clientes pode parecer ótimo em termos de receita, mas pode ser esmagador em termos de carga de trabalho e até lucratividade.

De números à marca: a jornada de descoberta de uma consultora

Sentada em meu escritório, com um olho no Rio Guaíba e outro na xícara fumegante de café ao meu lado, rodeada de papéis, voltei meus pensamentos para a questão que havia proposto em uma das últimas consultorias: "de quantos clientes você precisa por ano?". Lembro-me do olhar confuso do jovem arquiteto à minha frente.

Mas aí está o pulo do gato: esta pergunta, aparentemente simples, tem tudo a ver com a criação da marca. Deixe-me contar o porquê.

As marcas não são apenas logos ou slogans bonitos; elas são promessas. Promessas de qualidade, de valor, de uma experiência. Quando questiono sobre o número de clientes, estou, na verdade, indagando sobre o tipo de promessa que você, como profissional, deseja fazer. E, mais do que isso, sobre a capacidade de cumprir essa promessa.

Se você opta por trabalhar com um volume maior de clientes, sua marca promete eficiência, acessibilidade, talvez até versatilidade. Se optar por menos clientes, mas com projetos mais detalhados e exclusivos, sua marca fala sobre atendimento pessoal, exclusividade, personalização e um toque de luxo. Cada escolha dessas desenha uma imagem diferente na mente dos seus potenciais clientes.

Ao longo dos anos, trabalhando com inúmeros profissionais criativos, percebi que muitos se lançam no mundo dos negócios sem uma clareza real do que sua marca representa. Automaticamente, sem saber quem é o seu cliente, o que é mais grave. E acredite, isso não é apenas sobre estética. É sobre a experiência que você oferece. O número de clientes que você decide atender por ano molda essa experiência.

Imagine ter uma marca que promete exclusividade, mas está sempre correndo de um lado para o outro

tentando atender a inúmeros clientes. Ou, por outro lado, imagine prometer eficiência e rápida entrega, mas ter apenas um ou dois projetos grandes por ano. Em ambos os cenários, há uma desconexão entre a promessa da marca e a realidade.

E, por fim, quero que entenda algo essencial: sua marca é um reflexo de você. De suas paixões, valores e ambições. Da forma como vê o mundo e como deseja ser visto por ele e, principalmente, de quem se propõe a atendê-lo. A decisão sobre quantos clientes atender é apenas uma das muitas escolhas que ajudarão a definir esse reflexo. E é meu trabalho, como consultora, guiá-lo através dessas escolhas para que sua marca brilhe da forma mais verdadeira e autêntica possível.

Repetirei quantas vezes forem necessárias: quem fala com todos, não fala com ninguém. Estes conceitos de posicionamento marcam a obra.

Então, da próxima vez que se perguntar sobre o número de clientes, pense também em sua marca. E lembre-se: cada decisão, cada escolha, é um tijolo na construção da sua identidade no mercado. E eu estarei aqui para ajudá-lo a escolher os tijolos certos.

2.2 Posicionamento: a arte de encontrar seu espaço

Voltemos à nossa última questão: de quantos clientes você realmente precisa num ano?

Precisamos permanecer nessa reflexão porque ela define limites e estratégias e isso tem relação direta com a palavra posicionamento. Muitos profissionais olham para essa pergunta com desespero, acreditando que quanto mais, melhor. Mas eu os desafio a pensar diferente. Não é sobre alcançar todos. É sobre alcançar os certos. Não é sobre volume, é sobre assertividade.

Vivemos em um tempo em que a maioria proclama alegremente: "atendemos todo o Brasil!". Mas aqui está uma dica de alguém que viu os bastidores de muitos estúdios: domine sua cidade primeiro. Depois, sua região. Conquiste o estado. E só então, amplie seus horizontes.

Em 2017, tive o prazer de trabalhar com a KS Arquitetos, uma empresa vibrante de Porto Alegre. Eles tinham um sonho: ganhar mais clientes em Santa Catarina, estado escolhido para a sua filial. Seus projetos eram de tirar o fôlego, mas quase ninguém sabia quem estava por trás deles. Não havia fotos profissionais, e os projetos estavam apenas no site, sem divulgação em redes sociais. Mas o que conquistamos foi muito além de uma simples divulgação.

Ao mergulhar no coração de seu negócio, percebi que o maior desafio não era apenas a ausência de marketing. Era o posicionamento. Eles se esforçavam para atender a todos e, no processo, se perdiam. O resultado? Uma equipe exausta e um negócio que vivia sempre correndo para atender o próximo cliente.

O verdadeiro desafio é olhar para dentro. Antes de pensar em uma vitrine chamativa ou um post no Instagram, reflita sobre quem você é e o que deseja representar. Mexer apenas na superfície não trará os resultados desejados. É necessário um mergulho profundo em seu posicionamento.

Acabamos estendendo o trabalho para o ano seguinte, até apararmos todas as arestas. E pronto, eles ficaram livres para voar e voaram muito longe. Este era o seu futuro e seus projetos apontavam isso. Mas, sem a estratégia de crescimento alinhada para o futuro, isso sempre pareceria um sonho distante.

2.2.1 Desvendando o posicionamento

O posicionamento de uma marca é uma ferramenta essencial do marketing que determina como você deseja que ela seja percebida em relação à concorrência no mercado. É uma declaração de intenção que orienta todas as atividades de marketing, desde o design do produto até a publicidade.

Posicionamento é o lugar que uma marca ocupa na mente do consumidor. É a percepção que os consumidores têm de uma marca em relação às outras marcas do mesmo segmento. O posicionamento de marca é uma estratégia de marketing que busca criar uma imagem e uma identidade únicas para uma marca.

Ele é importante porque ajuda as empresas a se diferenciarem da concorrência e a se conectarem com seu público-alvo. Um posicionamento bem-sucedido pode levar a um aumento nas vendas, na fidelidade à marca e na percepção de valor.

Esta é uma ferramenta poderosa que pode ajudar as empresas a alcançar seus objetivos de marketing. Ao definir um posicionamento claro e consistente, as empresas podem se diferenciar da concorrência e construir relacionamentos duradouros com seus clientes.

Aqui estão os principais aspectos a analisar ao posicionar uma marca:

Público-alvo:

- Quem são seus clientes ideais? Aponte isso, nos mínimos detalhes, porque qualquer estratégia vem depois do público.
- Quais são seus desejos, necessidades e hábitos de consumo?
- Como eles veem sua marca atualmente?

A pergunta campeã das caixinhas de perguntas nas redes sociais é: "o que postar no Instagram?" ou até "o que mais posso fazer além do Instagram?". Esta resposta só pode ser respondida depois da definição de para quem.

Oferta de valor:

- Qual é a proposta de valor única da sua marca?
- O que a torna diferente e melhor do que a concorrência?
- Quais benefícios tangíveis e intangíveis ela oferece?

Análise da concorrência:

- Quem são seus principais concorrentes?
- Como eles se posicionam no mercado?
- Quais lacunas ou oportunidades você pode identificar que te permitem diferenciar sua marca?

Pontos de diferenciação:

- Quais características ou benefícios tornam sua marca única?
- É a qualidade, o preço, o atendimento, a tradição, a inovação?

Promessa da marca:

- Qual compromisso sua marca faz com os clientes?
- É uma experiência de alta qualidade? É um produto durável? Atendimento excepcional?

Personalidade e tom da marca:

- Se sua marca fosse uma pessoa, como ela se comportaria?
- Ela seria séria, divertida, inovadora, tradicional, rebelde?

Consistência:

- Garantir que todas as mensagens e interações da marca, desde publicidade até atendimento ao cliente, sejam consistentes com o posicionamento escolhido.

Credibilidade e autenticidade:

- Sua marca pode cumprir sua promessa?
- As ações e comunicações da marca são verdadeiras e refletem seus valores?

Flexibilidade e evolução:

- O posicionamento escolhido permite adaptar-se às mudanças do mercado?
- Ele é flexível o suficiente para permitir a evolução da marca ao longo do tempo?
- E você já registrou sua marca? Não importa se ela é usada há 20 anos, ou se é seu nome... Você precisa de um registro no Instituto Nacional da Propriedade Industrial (INPI). Eu, por exemplo, registrei "Arquiteto do Futuro", "Renata Pena" e "Além da Arquitetura". Parece muito cuidado? Sim, é. Se é importante para mim, é importante para a marca.

Análise SWOT (Forças, Fraquezas, Oportunidades e Ameaças):

- Este *framework* pode ajudar a determinar onde sua marca se destaca e onde precisa de melhorias em relação ao posicionamento desejado. Vamos a um exemplo:

Forças (*Strengths*):

Especialização em design sustentável: Lucas é especializado em projetos que se concentram na sustentabilidade, o que o diferencia de muitos outros arquitetos da região.

Experiência e formação: Lucas possui uma extensa formação acadêmica e participou de workshops internacionais sobre arquitetura sustentável.

Rede de contatos: ao longo dos anos, Lucas construiu uma forte rede de fornecedores e profissionais do setor, permitindo-lhe acesso a materiais de qualidade e a parcerias estratégicas.

Fraquezas (*Weaknesses*):

Tamanho do escritório: o escritório é pequeno e possui recursos limitados, o que pode tornar difícil lidar com múltiplos projetos, simultaneamente.

Visibilidade limitada: Lucas ainda não investiu significativamente em marketing ou presença on-line, dependendo principalmente de referências boca a boca.

Falta de diversificação: a maior parte dos projetos de Lucas se concentra em residências, com pouca experiência em projetos comerciais ou industriais.

Falta de marketing. Lucas sabe que a baixa atenção que ele dá para estudos e ações de marketing e nem para seu futuro.

Oportunidades (*Opportunities*):

1. Crescente interesse por Sustentabilidade: há uma crescente conscientização e demanda por projetos sustentáveis na cidade. E no mundo. A sociedade está olhando para isso.

Expansão para projetos comerciais: há espaço na região em que ele atua para expandir para projetos comerciais e industriais que também buscam uma abordagem sustentável.

Parcerias com empresas locais: Lucas pode formar parcerias com empresas locais para projetar espaços de trabalho mais verdes ou realizar reformas ecológicas.

Ameaças (*Threats*):

Concorrência crescente: outros arquitetos podem começar a se especializar em design sustentável, aumentando a concorrência, ou a ocupar este espaço antes dele.

Mudanças nas regulamentações: novas regulamentações ou normas podem surgir, exigindo que Lucas atualize seus conhecimentos ou modifique seus projetos em andamento.

Economia instável: em tempos de recessão econômica, os projetos de arquitetura podem ser considerados um "luxo", com potenciais clientes adiando ou cancelando projetos.

A análise SWOT serve como uma ferramenta para Lucas avaliar sua situação atual, ajudando-o a elaborar estratégias para alavancar suas forças, abordar suas fraquezas, capitalizar sobre as oportunidades e se preparar para possíveis ameaças.

Ao definir o posicionamento de marca, é crucial lembrar que ele não é apenas uma declaração ou slogan, mas sim uma promessa. Essa promessa deve ser evidente em cada interação que um cliente tem com sua marca, garantindo assim a coerência, autenticidade e reconhecimento no mercado.

O maior perigo para uma empresa de serviços de alto valor é a falta de diferenciação e foque nisso: tudo o que você faz, precisa gerar diferenciação.

Por isso, eleger um público com detalhamento e segmentação é tão importante.

Segmentação é o processo de dividir um mercado em grupos menores, com base em características comuns. Esses grupos são chamados de segmentos de mercado.

Segmentar o mercado é importante porque ajuda as empresas a entenderem melhor seus clientes e a desenvolver estratégias de marketing mais eficazes, porque você até pode fazer coisas genéricas, mas apenas beneficiará os líderes de cada categoria. Se você acha que está tudo igual nas redes sociais, por exemplo, é porque, definitivamente, você não segmentou seu mercado.

2.2.2 Criando seu espaço

A epifania que a *KS Arquitetos* e muitos outros tiveram é que, para encontrar o verdadeiro sucesso, precisavam dos clientes certos. E vamos ser sinceros, projetar para pessoas que se alinham ao seu estilo é uma experiência muito mais gratificante.

Agora, um pensamento que muitos podem achar polêmico: discordo veementemente da ideia de que arquitetos com um estilo distintivo e único simplesmente replicam seus projetos. Ter um estilo único não significa falta de personalização. Na verdade, atrai clientes que apreciam e buscam esse traço específico. Quando você ama uma marca de roupas, é pelas características singulares dela. Isso vale para o design.

Muitos afirmam que ter um estilo marcante limita a personalização. Mas eu argumento que isso é um mito. Ao longo dos anos, nunca encontrei evidências suficientes que me fizessem acreditar no contrário.

Por isso, ao projetar seu próximo espaço, lembre-se: *não é sobre ser tudo para todos, mas ser o melhor para os certos*. E nesse jogo de posicionamento, encontrar seu espaço único é a verdadeira arte.

Sempre se pergunte: há um grupo de pessoas interessadas nisso?

Faça um SWOT de seus serviços e inicie seu plano de ação.

Existe sim um cliente certo. A vantagem de ação é saber quem é o seu.

2.3 Pensando fora do projeto: a mentalidade empreendedora

2.3.1 Introdução à mentalidade empreendedora

Se você se interessou pelo assunto que propus neste livro, já sabe que há um elemento muitas vezes ofuscado pelo brilho do talento puro e pela habilidade técnica: a mentalidade empreendedora. Não basta apenas ser talentoso em criar e projetar; no mundo atual, onde a competição é acirrada e o mercado está em constante evolução, a capacidade de pensar como um empreendedor é fundamental.

A mentalidade empreendedora não é apenas sobre ganhar dinheiro ou gerir um negócio. É sobre ser curioso, resiliente, adaptável e, acima de tudo, estar pronto para encarar os desafios com olhos inovadores. No contexto da arquitetura e do design, isso significa ir além do que é esperado de um profissional tradicional e buscar novas oportunidades, abraçar a inovação e estar sempre em busca de crescimento.

2.3.2 A evolução da profissão

Se voltarmos no tempo, os primeiros arquitetos eram vistos quase como artesãos, trabalhando lado a lado com os mestres de obra e artífices, concentrando-se principalmente na estética e funcionalidade das construções. Com o avanço da tecnologia e a complexidade crescente das cidades, a profissão foi obrigada a adaptar-se, incorporando novos conhecimentos e especialidades.

No mundo contemporâneo, a arquitetura e o design são mais do que simplesmente criar espaços bonitos ou funcionais. São sobre contar histórias, criar experiências e, em muitos casos, provocar mudanças sociais. As linhas entre arte, arquitetura, design e negócios estão cada vez mais tênues.

Hoje, com a globalização, os arquitetos e designers não estão apenas competindo com os profissionais de sua cidade ou país, mas com talentos de todo o mundo. E, nesse cenário global, é fundamental encontrar maneiras de se destacar, não apenas através do talento, mas também através de uma abordagem estratégica e empreendedora da profissão.

A evolução não é apenas uma questão de progresso tecnológico ou estilístico, mas também de *mindset*. E é aqui que a mentalidade empreendedora entra em jogo, permitindo que os profissionais da área vejam além dos limites tradicionais e explorem novos horizontes de oportunidade.

2.3.3 Redefinindo o sucesso em arquitetura e interiores

Não é incomum ouvir histórias de arquitetos talentosos que, mesmo com um portfólio estelar, enfrentam desafios financeiros ou se sentem insatisfeitos com sua trajetória profissional. Acontece que sucesso, especialmente em campos criativos, é uma entidade multifacetada. Não se resume apenas a reconhecimento ou a um fluxo constante de projetos.

Sucesso, na perspectiva empreendedora, envolve sustentabilidade, crescimento e realização. É sobre equilibrar a paixão pelo design com a pragmática do negócio. Como empreendedores, precisamos refletir sobre o que realmente significa sucesso para nós. É ter liberdade para escolher os projetos que ressoam conosco? É criar um impacto duradouro no ambiente construído? Ou talvez seja construir uma marca que se torne referência na indústria?

O importante é entender que ter uma mentalidade empreendedora permite que você alinhe sua visão de sucesso com suas ações diárias, garantindo não apenas a realização de projetos incríveis, mas também a construção de um negócio próspero e gratificante.

2.3.4 Adaptabilidade e a busca por oportunidades inexploradas

Se há algo que aprendi ao longo dos anos como consultora, é que a adaptabilidade é uma das qualidades mais valiosas que um profissional pode possuir. E, sinceramente, acredito que adaptabilidade e mentalidade empreendedora andam de mãos dadas.

Pense nisso: em um mundo onde as tendências de design mudam, as tecnologias evoluem e as necessidades dos clientes se transformam, estar disposto e apto a adaptar-se é uma enorme vantagem competitiva. Não se trata apenas de seguir o fluxo, mas de antecipar as correntes.

A chave é olhar para além do que está diretamente à nossa frente. Onde estão as oportunidades que ainda não foram totalmente exploradas? Que novos nichos de mercado ou tendências emergentes podem ser atendidos por sua expertise única? Talvez seja a integração de práticas sustentáveis, o design centrado na experiência do usuário ou a fusão de tecnologia com espaços tradicionais.

Tendo uma mentalidade empreendedora, você não apenas reage às mudanças, mas também as antecipa, posicionando-se na vanguarda e abrindo caminho para novas e emocionantes aventuras profissionais.

2.3.5 O valor da diversificação e expansão de serviços

Há uma verdade inegável na minha área, a consultoria: colocar todos os ovos em uma única cesta raramente é uma estratégia sábia. E a mesma lógica se aplica à arquitetura e ao design. A diversificação não significa perder o foco ou diluir sua essência, mas sim ampliar horizontes, enxergando oportunidades complementares à sua prática principal.

Por exemplo, talvez, além de projetos residenciais, haja espaço para explorar o design de interiores comerciais ou a consultoria em sustentabilidade. Ou, quem sabe, unir forças com artistas locais para integrar arte e arquitetura de formas inovadoras. Há ainda a possibilidade de oferecer workshops, palestras ou até mesmo cursos on-line sobre design e arquitetura, compartilhando sua expertise e paixão com um público mais amplo.

Diversificar é, em essência, criar múltiplos fluxos de receita e, por consequência, garantir mais estabilidade ao seu negócio. Com uma mentalidade empreendedora, você pode enxergar essas oportunidades e abraçá-las, garantindo uma carreira mais rica e versátil.

2.3.6 Cultivando relacionamentos e parcerias estratégicas

Em qualquer negócio, e a arquitetura não é exceção, relacionamentos são fundamentais. E não estou falando apenas de construir uma rede de contatos, mas de cultivar relacionamentos genuínos e mutuamente benéficos.

Um bom projeto não é fruto apenas do talento individual de um arquiteto. Ele é muitas vezes o resultado da colaboração entre diferentes especialistas: paisagistas, engenheiros, designers, artistas, fornecedores,construtores entre outros. Ao desenvolver e manter parcerias estratégicas, você não apenas amplia sua capacidade de entrega, mas também enriquece o processo criativo e soluciona desafios de maneiras inovadoras.

E aqui vai um segredinho que aprendi ao longo dos anos: esses relacionamentos também podem abrir portas para oportunidades que você nem sabia que existiam. Seja uma recomendação para um novo projeto, uma colaboração em um evento ou a chance de trabalhar em mercados previamente inacessíveis. Investir em relacionamentos é investir no futuro do seu negócio. E com uma mentalidade empreendedora, você saberá exatamente como nutrir essas conexões preciosas. É o chamado *networking*. Se você é dono de uma empresa, deveria pensar e agir assim.

2.3.7 Tecnologia e inovação: aliados da arquitetura moderna

A tecnologia é um campo em constante evolução e tem revolucionado muitas profissões, incluindo a arquitetura. Não é mais suficiente depender apenas de habilidades tradicionais; é crucial estar à frente, adotando novas ferramentas e técnicas.

Softwares de modelagem 3D, realidade virtual para tours interativos, IA – Inteligência Artificial e aplicativos que auxiliam na gestão de projetos — são inúmeras as ferramentas tecnológicas disponíveis que podem otimizar o seu trabalho e oferecer uma experiência diferenciada ao cliente. Além disso, a era digital trouxe consigo a oportunidade de ampliar a visibilidade on-line, seja através de portfólios digitais, redes sociais ou plataformas de *freelancing*.

E lembre-se: adotar a tecnologia não significa abandonar a essência da arquitetura. Pelo contrário, é uma forma de enriquecer e modernizar a prática, tornando-a mais adaptável às demandas contemporâneas. Portanto, mantenha um olho no futuro, busque inovações e não tenha medo de se adaptar.

2.3.8 A importância da educação continuada e do autodesenvolvimento

A formação acadêmica em arquitetura ou área afim é apenas o começo da jornada. O campo é vasto, as tendências mudam e novas técnicas surgem. E principalmente: o consumidor muda. Portanto, a educação continuada é essencial para manter-se relevante e à frente da concorrência.O consumidor está em constante mudança, acompanhando a velocidade do mundo.

Não estou falando apenas de cursos formais, embora estes tenham seu valor. Workshops, seminários, webinars, palestras, estudos de caso, visitas a exposições — existem inúmeras maneiras de se manter atualizado. E com a internet, muitas dessas oportunidades estão ao alcance de um clique, permitindo que você aprenda no seu próprio ritmo.

O autodesenvolvimento também se refere à habilidade de refletir sobre sua prática, identificar áreas de melhoria, e buscar soluções proativas. Em outras palavras, ser um aprendiz ao longo da vida não é apenas uma opção, mas uma necessidade. E, na minha experiência, é justamente essa sede de conhecimento e essa paixão pela evolução que diferenciam os bons profissionais dos verdadeiramente excelentes.

Ao explorar as profundezas da mentalidade empreendedora no contexto da arquitetura, descobrimos que o sucesso vai além do simples traço ou da construção. Está na capacidade de se adaptar, inovar e entender as múltiplas facetas do mercado.

Não adianta investir apenas em cursos técnicos se você não pode usar esse conhecimento no seu negócio, ou seja: sua paixão pela arquitetura não pode te prejudicar. Faça, sim, aprimoramentos, mas faça também e principalmente capacitações de negócios, até para poder aplicar com leveza e sossego suas novas técnicas criativas.

Os *insights* e reflexões deste capítulo visam inspirar uma evolução contínua em sua prática profissional. O verdadeiro crescimento vem da disposição para abraçar novos desafios e perspectivas. Mantenha-se resiliente, curioso e audaz em cada passo de sua jornada.

2.4 Diferenciais estratégicos: não seja apenas mais um

Em um mercado efervescente, onde muitos tentam falar a mesma língua e atraem os mesmos olhares, ser apenas mais um não é uma opção. Imagine um salão cheio de vozes; todas elas soando em um tom monótono, até que uma voz se destaca, trazendo consigo uma melodia diferente, mais envolvente. Essa voz é notada, é ouvida e é lembrada. Da mesma forma, em um mundo repleto de talentos e competências, o que verdadeiramente nos diferencia é nossa capacidade de sermos únicos, autênticos e estratégicos.

2.4.1 Identidade única: sua assinatura no mundo

A essência de qualquer marca, seja ela de um produto ou de um profissional, reside em sua identidade. Para arquitetos, essa identidade não é apenas sobre o que você cria, mas também sobre quem você é e o que representa. Para muitos, é tentador se camuflar nas tendências dominantes ou no que parece ser a "norma" do mercado. Mas, permita-me dizer, é justamente a quebra desses padrões e a afirmação da sua própria singularidade que cria uma identidade inconfundível.

Pense em sua personalidade. Seus gostos, aversões, paixões e peculiaridades são únicos para você. Da mesma forma, sua jornada, seus desafios, sucessos e até mesmo suas falhas, ajudaram a moldar quem você é hoje. Juntos, esses elementos constituem a base da sua identidade de marca. Eles têm o potente poder de ressoar em um nível pessoal com seus clientes e criar um vínculo que vai além do profissional.

Então, como você transforma essa personalidade e história pessoal em sua assinatura única no mundo da arquitetura e do design?

Primeiro, é essencial a autoconsciência. Faça um mergulho profundo em si. Identifique seus pontos fortes, suas paixões e os valores que orientam sua prática. Essas descobertas devem ser a bússola que guia o seu trabalho, refletindo-se em cada projeto que você assume.

Em segundo lugar, comunique sua identidade. A forma como você se apresenta ao mundo, seja através do seu portfólio, site, redes sociais ou interações pessoais, deve ser um reflexo fiel de quem você é. Se você é apaixonado por sustentabilidade, por exemplo, isso deve estar evidente em seus projetos e na maneira como você fala sobre eles.

Por último, mas certamente não menos importante, seja consistente. Uma identidade de marca forte é aquela que é coerente em todas as plataformas e interações. Isso não significa ser rígido, mas sim ser fiel à essência do que você representa.

Pense sempre no seu cliente: que problema o seu negócio resolve?

Entender para atender, é o segredo.

Sua identidade única é o que o diferencia no vasto oceano de talentos. Ao abraçar e expressar sua verdadeira essência, você não só estabelece uma assinatura reconhecível no mercado, mas também atrai clientes que valorizam e se conectam genuinamente com o que você tem a oferecer. Autenticidade é tudo.

2.4.2 Valor agregado: mais do que entrega técnica

A competência técnica é, sem dúvida, uma das pedras angulares da sua área. A habilidade de transformar um conceito em realidade, de manejar ferramentas e software, de entender as nuances de um projeto, são aspectos fundamentais da profissão. Mas, em um mercado saturado de talentos, a competência técnica por si só não é mais suficiente. Em um mercado exigente como o atual com tantas ofertas e informação na mão dos consumidores a qualidade é pré-requisito. E preste atenção: o conceito do que é um diferencial mudou e continua mudando o tempo todo.

Imagine entrar em uma loja de alta costura. Você não está pagando apenas pelo tecido e pela costura. Está pagando pela experiência, pelo atendimento personalizado, pelo conhecimento do estilista sobre o que lhe cai bem. Na arquitetura e no design, a lógica é similar. O valor agregado se traduz em tudo o que você oferece além da entrega técnica. Pode ser um atendimento excepcionalmente personalizado, uma compreensão profunda do estilo de vida e das necessidades do cliente, ou mesmo uma abordagem sustentável e inovadora que poucos estão adotando.

E não se trata apenas de aumentar seus honorários, mas de tangibilizá-los. Quando você oferece um valor inigualável, seus clientes percebem. Eles sentem que estão recebendo mais do que pediram e, frequentemente, estão mais dispostos a investir em alguém que traz algo especial à mesa.

Portanto, reflita sobre o que faz você ser especial. Que experiências, conhecimentos ou abordagens você pode incorporar ao seu trabalho para oferecer aquele "algo a mais" que só você pode fornecer?

2.4.3 Estabelecendo autoridade e especialização

Com a explosão da informação e o fácil acesso a ela, é comum que muitos profissionais sintam a necessidade de serem "generalistas", acreditando que abranger diversas áreas é o caminho para o sucesso. No entanto, há um poder imenso em escolher um nicho ou área específica e tornar-se mestre nele.

Ser visto como autoridade em um domínio particular não só eleva sua reputação, mas também o coloca no radar daqueles que precisam especificamente de sua expertise. Se você se destaca em design sustentável, por exemplo, será a primeira escolha para clientes que valorizam a sustentabilidade.

Uma de minhas clientes é uma arquiteta especialista em residências de alto padrão. Ela trabalha em projetos comerciais, corporativos e afins, mesmo que com propostas financeiras tentadoras? Não. Contudo, se alguém precisar de um serviço com seu estilo e de alto padrão onde o "céu é o limite", ela será consultada, até por indicação de profissionais de outras áreas, porque ela é referência nesse nicho.

Mas, como estabelecer essa autoridade? Primeiramente, eduque-se. Invista em formação contínua e especialização. Exerça e execute. Em segundo lugar, compartilhe seu conhecimento. Escreva artigos, ofereça palestras, participe de workshops. Tornar-se uma fonte confiável de informações em sua área de especialidade constrói sua credibilidade. Cuide do seu marketing; isso é tão vital quanto projetar, pode acreditar.

Além disso, mostre seus resultados. Portfólios que destacam projetos dentro de sua área de especialização, testemunhos de clientes satisfeitos e reconhecimentos da indústria são ferramentas poderosas na construção de sua autoridade.

Lembre-se: em um mundo de generalistas, ser especialista pode ser seu maior diferencial. Encontre seu nicho, domine-o e deixe que o mundo saiba disso. E, mais cedo do que imagina, você se tornará a referência naquilo que faz.

2.4.4 Relacionamentos sólidos: construindo pontes duradouras

Cada cliente, parceiro ou colega com quem você interage é uma oportunidade de construir um relacionamento duradouro e significativo. E, no fim das contas, é essa rede de relações que pode fazer toda a diferença em sua trajetória profissional. Não se trata apenas de *networking*, mas de formar laços genuínos e, se acabar em *networking*, melhor! É a arte de nutrir estes contatos.

A abordagem começa no momento da primeira conversa. Escute atentamente. Mostre que você se importa com suas visões, sonhos e preocupações. Seja aquele profissional que sempre retorna ligações e e-mails, que cumpre prazos e que está disponível para esclarecer dúvidas. Com o tempo, esses pequenos gestos se transformam em confiança, uma moeda inestimável no mundo dos negócios.

Eu crio conexões genuínas desde a faculdade e afirmo: vale a pena.

2.4.5 Inovação e adaptabilidade: em sintonia com os tempos

O dinamismo do mundo atual exige que estejamos sempre aprendendo, inovando e nos adaptando. Seus clientes valorizam soluções criativas, atualizadas com as tendências e, mais importante, sintonizadas com suas necessidades em constante evolução.

Invista em formação, mas também reserve momentos para a autorreflexão. Questione-se regularmente: estou trazendo novas ideias para a mesa? Como posso surpreender meus clientes de maneira positiva? Essa postura proativa não apenas mantém sua prática fresca e relevante, mas também demonstra a seus clientes que você está comprometido em entregar o melhor.

2.4.6 Sua história, seu legado

Todo arquiteto tem uma história, uma jornada que moldou sua perspectiva e abordagem profissional. Essa narrativa é poderosa. Ela humaniza sua marca, tornando-a mais acessível e conectando-a emocionalmente aos seus clientes.

Este repertório faz parte de sua marca?

Não tenha receio de compartilhar momentos marcantes, desafios superados e lições aprendidas ao longo de sua carreira. Ao fazer isso, você não apenas constrói uma conexão mais profunda, mas também inspira e motiva aqueles ao seu redor. E, no final, é essa narrativa única, sua verdadeira assinatura, que irá diferenciá-lo de forma tão impactante no cenário profissional.

Ao longo deste capítulo, exploramos a magnitude de possuir diferenciais estratégicos, a força por trás de uma identidade única e a importância de estabelecer autoridade. Mas o mais fundamental é entender que, no centro de tudo isso, está **você**. Cada decisão tomada, cada relação construída, cada inovação buscada e cada história compartilhada converge para o legado que você deseja deixar. Assegure-se de que a sua voz ressoe claramente, marcando sua posição e mostrando ao mundo o que o torna incomparável.

Sua trajetória é contínua, repleta de oportunidades para aprimorar, inovar e, acima de tudo, fazer a diferença. Seu maior projeto é você: não duvide disso.

PARTE III:
A Arte da Comunicação: Além das Palavras

3.1 Entendendo e conectando-se com o cliente

Quando ainda desempenhava a profissão de advogado, Mahatma Gandhi disse:

> "O cliente é o visitante mais importante de nossa propriedade. Ele não depende de nós. Nós é que dependemos dele. Ele não interrompe o nosso trabalho. É o objetivo do nosso trabalho. Não é um estranho em nossa empresa. Faz parte dela. Não estamos fazendo um favor ao atendê-lo. Ele é que está nos fazendo um favor, dando-nos a oportunidade de fazer isso.".

Cada projeto arquitetônico é uma tela em branco, uma promessa de transformação e inovação. No centro desse universo, encontramos duas figuras centrais: o arquiteto e o cliente. Como em uma dança, ambos devem se mover em harmonia, respeitando o ritmo e os movimentos um do outro. Cada passo, cada giro, reflete a comunicação, a confiança e a compreensão mútuas. Mas, o que acontece quando os passos não estão sincronizados? O que acontece quando as expectativas não são claras ou quando um tenta liderar mais do que o outro?

Neste capítulo, mergulharemos nas complexidades dessa relação, explorando os desafios e as oportunidades que ela apresenta. Através da lente da experiência e da empatia, buscamos criar um guia para arquitetos que desejam não apenas criar projetos de sucesso, mas também construir relacionamentos duradouros e significativos com seus clientes. Porque, no final das contas, a verdadeira essência da arquitetura vai muito além dos tijolos e argamassa; está na conexão humana e o mais importante:

O arquiteto é quem deve buscar a profissionalização, melhorar processos e a experiência do cliente, entendendo-o melhor para atendê-lo de forma eficaz.

Sobre quais conceitos você precisa refletir para estabelecer uma boa comunicação?

3.1.1 O que o cliente acha que é um projeto

Começar qualquer relação de trabalho com clareza e entendimento mútuo é crucial. Muitos clientes entram no mundo da arquitetura e do design com expectativas moldadas por experiências passadas, programas de televisão ou histórias de amigos. Eles podem imaginar que um projeto seja uma tarefa simples, algo que se desenvolve sem contratempos ou obstáculos. Como profissional, sua primeira tarefa é entender essa percepção inicial e, gentilmente, alinhar as expectativas. A educação aqui é a chave, mostrando-lhes o que realmente envolve trazer uma visão à realidade.

3.1.2 Muitos arquitetos romantizam prazos para si mesmo. Imagina os clientes, então

Os prazos, muitas vezes, são o calcanhar de Aquiles na relação cliente-arquiteto. Enquanto a paixão pelo design pode fazer com que subestimemos o tempo necessário para a perfeição, para o cliente, isso pode se traduzir em frustração e desapontamento. Quando um cliente vê o progresso se arrastar além do previsto, ele pode começar a questionar não apenas o prazo, mas também a competência e a integridade do profissional. Ser realista desde o início e construir uma janela de tempo adicional para contingências não apenas gerencia as expectativas do cliente, mas também oferece espaço para respirar, tanto para o projeto, quanto para a obra.

3.1.3 Você é o maestro. "Se você não gerenciar o cliente, ele vai dominar o processo"

Cada projeto é como uma orquestra, com inúmeras partes móveis e peças que precisam funcionar em harmonia. O arquiteto é o maestro, aquele que conhece a partitura de cor e conduz todos os envolvidos para criar uma sinfonia harmoniosa. Por mais que um cliente esteja investido emocional e financeiramente no projeto, é fundamental que o profissional mantenha a liderança. E isso você conquista com confiança e transparência. Quando um cliente tenta dominar o processo, pode levar a decisões apressadas, desvios do plano original e até mesmo conflitos. A confiança, construída desde a primeira reunião, permite que o cliente se sinta seguro em deixar o "maestro" conduzir a música.

3.1.4 "Ah, mas está no contrato" — esquece!

Contratos são essenciais, sim, mas eles não devem ser o único pilar de um relacionamento profissional. Embora estabeleçam os termos e condições, são as interações diárias, a comunicação clara e a gestão de expectativas que realmente definem a experiência do cliente. Além disso, quem quer gastar tempo lendo cláusulas e subcláusulas quando há confiança mútua? Por isso, além de assegurar um contrato sólido, assegure-se também de construir e manter essa confiança diariamente.

3.1.5 Engajando o cliente: uma arte inestimável

A arte de engajar o cliente não é apenas sobre envolvê-lo no processo, mas também garantir que ele se sinta parte integrante da jornada. Isso não significa que ele deve ditar cada movimento, mas sim que suas opiniões, sentimentos e visões são considerados e respeitados. Na realidade, é uma dança sutil entre ouvir e liderar, entre compartilhar visões e orientar decisões.

Esta habilidade de construir confiança e engajar efetivamente é o que muitas vezes diferencia um bom arquiteto de um excepcional. Durante minhas consultorias e programas de formação, sempre destaco isso. Porque, sem a confiança e, consequentemente, o respeito do cliente, todo o esforço técnico e criativo pode ser em vão.

Entender, conectar-se e engajar não são apenas palavras da moda, mas pilares que sustentam a arquitetura de um relacionamento de trabalho bem-sucedido. E, como toda grande construção, é essencial garantir que esses pilares sejam fortes e firmes. Porque, no final, não é apenas sobre construir edifícios ou interiores, mas também sobre construir pontes de compreensão, respeito e colaboração.

3.1.6 A construção da confiança através da comunicação

Comunicar-se de forma eficaz não se refere apenas à capacidade de transmitir informações, mas também de escutar ativamente. Ouvir o que o cliente está realmente dizendo, entender suas preocupações não verbalizadas e responder a essas preocupações antes mesmo que elas se tornem problemas é fundamental. Muitos conflitos em projetos surgem de mal-entendidos ou falhas na comunicação. Portanto, um arquiteto eficaz precisa não apenas ser um mestre do design, mas também um mestre da comunicação.

3.1.7 O valor da empatia

Mais do que entender tecnicamente as necessidades de um cliente, a empatia permite compreender seus medos, anseios e expectativas emocionais. No mundo da arquitetura e do design, onde cada projeto é uma manifestação física dos sonhos de alguém, essa conexão emocional é vital. Ao se colocar no lugar do cliente, entendendo o que ele sente e por que ele se sente assim, pode-se criar uma proposta que ressoe não apenas funcionalmente, mas também emocionalmente. E, como bem sabemos, as emoções desempenham um papel fundamental em quase todas as decisões que tomamos.

3.1.8 Saindo da zona de conforto

Muitos arquitetos, especialmente aqueles que já estão na profissão há algum tempo, tendem a ter um certo método de trabalho ou um estilo específico ao qual estão acostumados. No entanto, cada cliente é único, e o que funcionou para um pode não funcionar para outro. Adaptabilidade é, portanto, uma habilidade crucial. Isso não significa comprometer a integridade do design ou desviar-se da visão original, mas sim ser flexível na abordagem, na comunicação e te pergunto: por que não, na execução?

3.1.9 Conclusão duradoura

Ao final de cada projeto, o objetivo não deve ser apenas entregar um espaço bem projetado, mas também cultivar um relacionamento que perdure muito além da conclusão do projeto. Arquitetos e designers que conseguem estabelecer essa conexão duradoura frequentemente se beneficiam de recomendações boca a boca, repetições de negócios e, o mais importante, a satisfação de saber que fizeram mais do que apenas um trabalho; eles tocaram vidas. Afinal, a verdadeira arte da arquitetura e do design não está apenas nas estruturas que construímos, mas nas relações humanas que nutrimos ao longo do caminho. E essa, sem dúvida, é a verdadeira medida de sucesso desta profissão.

Agora que você já percebe os pontos principais da comunicação com seu cliente, é hora de focar no "como" tornar isso tangível.

3.2 Comunicando valor: mais do que dizer, fazer sentir

3.2.1 O valor funcional e emocional

Todo projeto tem um propósito funcional. Pode ser proporcionar um fluxo eficiente em um escritório, criar um espaço acolhedor em uma residência ou garantir que um espaço comercial atraia e retenha clientes. No entanto, além da funcionalidade, há um elemento muitas vezes negligenciado: o valor emocional.

As emoções desempenham um papel crucial em quase todas as decisões que tomamos. Um espaço bem projetado não apenas atende às necessidades práticas, mas também ressoa em um nível emocional. Pode ser um sentimento de pertencimento, de segurança, de inspiração ou qualquer outra gama de emoções. Portanto, o verdadeiro desafio é integrar ambos os valores — funcional e emocional — em seu projeto. E o mesmo para a sua comunicação: mostrar atributos funcionais e emocionais.

Em um mundo onde a funcionalidade é frequentemente priorizada, é vital não subestimar o poder das emoções na arquitetura e no design. A funcionalidade, sem dúvida, é uma base essencial de qualquer projeto. As estruturas devem atender a uma necessidade específica, e os espaços devem ser projetados de forma a otimizar a produtividade, o movimento e o uso. Por exemplo, um escritório projetado para melhorar a colaboração entre equipes pode ter um *layout* aberto e áreas designadas para *brainstorming*, enquanto uma casa pode ser projetada para otimizar a luz natural, criando um ambiente caloroso e acolhedor, ou seja: a sensação de pertencimento.

Contudo, a verdadeira magia reside na intersecção da utilidade com a emoção. Ao entrar em um espaço, não apenas notamos o *layout* ou os móveis; sentimos o ambiente. E esse sentimento pode ser influenciado por uma miríade de fatores: a paleta de cores escolhida, a maneira como a luz se derrama em uma sala, a textura dos materiais utilizados, ou até mesmo a acústica do ambiente.

Pense no último lugar que realmente lhe deixou com uma impressão duradoura. Provavelmente, não foi apenas porque tinha uma boa funcionalidade, mas porque evocou uma emoção — talvez conforto, nostalgia, inspiração ou até mesmo curiosidade. Esses são os espaços que permanecem em nossa memória, que nos fazem querer retornar, que contam uma história.

O papel das emoções é tão profundo que pode até mesmo afetar nosso bem-estar. Um espaço que evoca sentimentos de calma e serenidade pode realmente reduzir o estresse, enquanto um espaço inspirador pode impulsionar a criatividade. Da mesma forma, um ambiente caótico ou mal projetado pode resultar em sentimento de frustração ou ansiedade.

Portanto, para arquitetos e designers, o desafio não é apenas criar algo que "funcione". É criar algo que toque a alma. É ir além da mera estética ou funcionalidade e mergulhar profundamente nas emoções humanas. Afinal, são essas emoções que, em última análise, determinam se um espaço é apenas bom ou verdadeiramente grandioso. E, ao reconhecer e integrar esse valor emocional ao valor funcional, os profissionais não apenas elevam seus projetos, mas também enriquecem a experiência humana.

3.2.2 O *feedback* como ferramenta de crescimento

É fácil presumir que, uma vez que um projeto é concluído, o trabalho do arquiteto ou designer está feito. No entanto, a jornada apenas começou. Para realmente entender o valor do seu trabalho, é fundamental buscar *feedback*. E não apenas *feedback* superficial, mas uma compreensão profunda de como o cliente se sente em relação ao espaço criado.

Perguntar ao cliente sobre sua experiência após a conclusão do projeto pode revelar *insights* inestimáveis. Eles podem compartilhar momentos de alegria, pontos de frustração ou mesmo sugestões para melhorias futuras. Este *feedback* não é apenas um testemunho da qualidade do trabalho, mas também uma ferramenta poderosa para crescimento e aprendizado contínuos.

A busca por *feedback*, quando conduzida com sinceridade e abertura, transforma-se em uma verdadeira jornada de autoconhecimento e evolução profissional. No mundo da arquitetura e interiores, onde os espaços são criados para serem vivenciados, cada experiência do cliente é uma aula por si só. E quanto mais diversificada e profunda for essa coleta de opiniões, mais rica será a aprendizagem do profissional.

O *feedback* não se limita apenas ao final do projeto. Na verdade, criar pontos de contato regulares para coletar opiniões ao longo do processo pode ser tão valioso quanto o *feedback* pós-conclusão. Isso permite ajustes em tempo real e sinaliza para o cliente que sua voz e suas preocupações são verdadeiramente valorizadas.

Além disso, há um aspecto profundamente humano nessa interação. Afinal, cada *feedback* é a expressão de uma experiência vivida. Portanto, não se trata apenas de analisar tecnicamente o que poderia ser feito de forma diferente, mas também de entender as emoções e sentimentos por trás de cada comentário. Ao se abrir para esse tipo de interação, o profissional também desenvolve sua empatia, uma habilidade essencial no mundo atual.

A importância do *feedback* também se reflete na capacidade do profissional de se adaptar e inovar, isto é, design e inovação têm conexão direta com vantagens competitivas. Em uma indústria que está em constante evolução, estar disposto a ouvir e aprender com as experiências dos clientes é um diferencial competitivo. Não é apenas sobre corrigir erros, mas sobre antecipar tendências, compreender mudanças no comportamento e expectativas dos usuários e ajustar sua abordagem de acordo.

Portanto, o *feedback* não deve ser visto como uma crítica ou julgamento, mas sim como uma oportunidade de ouro. Uma chance de refinar habilidades, aprofundar conexões com os clientes e criar projetos cada vez mais alinhados com as necessidades e desejos de quem os vive. Ao abraçar o *feedback* como ferramenta de crescimento, os arquitetos e designers fortalecem sua posição no mercado, consolidam sua reputação e, acima de tudo, enriquecem sua jornada profissional com aprendizados constantes.

Já tive clientes que, ao perderem um projeto/proposta, questionaram o motivo e, assim, descobriram um grande problema mercadológico: eles fizeram uma proposta comercial com uma forma de atuação que não era usual na capital onde estes clientes viviam.

Com estes *feedbacks* ganhamos muito tempo.

3.2.3 Depoimentos: vozes que ressoam além do papel

Em um mundo saturado de informação e estímulos visuais, a autenticidade se destaca como uma joia rara. Depoimentos genuínos de clientes capturam exatamente isso: uma visão autêntica e sincera do valor e impacto do trabalho de um profissional. As palavras de um cliente satisfeito carregam em si um poder de persuasão que nenhuma publicidade tradicional pode igualar. São narrativas de experiências vividas, que evidenciam não apenas a excelência técnica, mas, sobretudo, o cuidado e a dedicação com que cada projeto foi tratado.

Essa genuinidade dos depoimentos adquire um novo significado no universo das redes sociais. Plataformas como Instagram, LinkedIn ou Facebook tornaram-se vitrines essenciais para profissionais de arquitetura e interiores. Em um espaço tão visual e interativo, um depoimento autêntico funciona como um selo de garantia, validando a qualidade e seriedade do trabalho apresentado. Além disso, ele humaniza a experiência, mostrando que por trás de cada projeto há pessoas, histórias e emoções envolvidas.

Outro aspecto crucial das redes sociais é a velocidade e alcance da informação. Um depoimento positivo pode rapidamente ganhar destaque, ser compartilhado e comentado, ampliando exponencialmente a visibilidade do profissional. Esta exposição, por sua vez, é uma ferramenta valiosa para a construção e consolidação da marca pessoal. Quando bem gerenciados, esses depoimentos se transformam em uma espécie de portfólio dinâmico, constantemente atualizado com novas histórias e experiências e pode até te diferenciar.

Uma aluna com mais de 15 anos de atuação me enviou uma mensagem emocionada: ela recebeu os feedbacks de clientes, como sugeri, e assim finalmente enxergou seus diferenciais... E não eram poucos! Parece simples, mas não é simplório. Durante 15 anos, ela não tinha clareza e, sem isso, não se comunicava de forma estratégica na sua plenitude.

Por outro lado, a transparência das redes sociais também implica em responsabilidade. Enquanto depoimentos positivos podem elevar a reputação, *feedbacks* negativos, se não forem adequadamente gerenciados, podem prejudicá-la. Isso reforça a necessidade de não apenas buscar depoimentos, mas garantir que a satisfação do cliente esteja no cerne de cada projeto. Isso se consegue com a excelência no atendimento.

Assim, no contexto digital atual, os depoimentos funcionam como pontes entre o profissional e futuros clientes. Eles oferecem um vislumbre da jornada de colaboração, desafios superados e triunfos alcançados. E, acima de tudo, lembram a todos que a verdadeira essência da arquitetura e do design não se resume a criar espaços, mas sim experiências memoráveis e duradouras para as pessoas que os habitam.

A mágica da comunicação! Você já reparou que os melhores contadores de histórias são aqueles que nos fazem sentir algo, e não apenas ouvir? No mundo profissional, isso não é diferente. Comunicar valor é como dançar uma valsa com seus clientes, guiando-os pelo salão do seu talento e mostrando-lhes os passos, mas deixando espaço para eles também brilharem. E olha, nem sempre é sobre os grandes holofotes. Às vezes, são os pequenos gestos, as sutilezas, que criam as experiências mais impactantes.

Então, ao invés de gritar do alto de uma montanha sobre quão incrível você é (e tenho certeza de que você é!), que tal conduzir seu público por uma jornada? Mostre-lhes, passo a passo, o amor e a dedicação que você coloca em cada canto e curva de seus projetos. E quando eles compartilharem suas histórias e sentimentos sobre o que você criou, celebre! Porque, nesse momento, você não apenas contou, mas fez alguém viver a sua narrativa.

3.3 Negociação: a dança da persuasão

A negociação é um dos atos mais antigos da humanidade e, acredite, mais artístico do que você pode imaginar. Se você pensou que negociação era apenas sobre discutir preços e condições, vamos embarcar juntos em uma jornada para desvendar os segredos dessa arte.

"Desconto não se dá, mas se negocia". Já ouvi esta frase diversas vezes e eu a repito sempre, porque ela faz total sentido. Negociação não é demonstração de força. Se você sempre se sente pressionado e espremido, você não está negociando e nem convivendo com bons negociadores.

Primeiro, vamos estabelecer o básico. *Negociação é o processo de encontrar um terreno comum entre duas ou mais partes para chegar a um acordo.* Seja na compra de um carro, na definição de um salário ou, no seu caso, ao discutir os detalhes de um projeto arquitetônico. O objetivo final é sempre chegar a uma situação em que todos se sintam satisfeitos com o resultado.

3.3.1 Comunicação é a chave

Negociar é, em sua essência, comunicar-se. Para dançar bem essa dança, é preciso escutar atentamente e falar de forma clara. Mas não estamos falando apenas de ouvir o que é dito, mas sim de escutar ativamente. Isso envolve compreender o que está por trás das palavras: as necessidades, preocupações e desejos do outro. E quando você fala, precisa ser claro sobre suas expectativas e limites, mas também estar disposto a adaptar-se e ser flexível.

Em sua essência, uma troca de informações, ideias, desejos e expectativas. E, como em qualquer boa troca, a qualidade daquilo que é compartilhado é crucial. Você pode ter as melhores intenções e os argumentos mais bem fundamentados, mas, se não souber comunicar-se de forma eficaz, pode terminar dançando sozinho na pista.

Escutar atentamente não é uma mera formalidade. É a base para compreender o que realmente está em jogo. No entanto, há uma diferença gigante entre ouvir e escutar ativamente. Enquanto "ouvir" é um ato passivo, que simplesmente envolve perceber sons, "escutar ativamente" é um processo dinâmico, envolvente e intencional.

Escutar ativamente significa:

Concentrar-se completamente no falante: em um mundo de distrações constantes, dar a alguém sua atenção total é um presente raro e valioso.

Não interromper: parece simples, mas quantas vezes já nos pegamos formulando respostas em nossas cabeças enquanto o outro ainda está falando?

Responder de forma adequada: um aceno de cabeça, um "entendo" ou até mesmo uma expressão facial podem mostrar ao interlocutor que você está verdadeiramente engajado.

Pedir esclarecimentos: se algo não estiver claro, não tenha medo de pedir que a outra parte explique novamente ou de forma diferente.

Paráfrase: repita, com suas próprias palavras, o que você entendeu. Isso mostra que você estava escutando e valida sua compreensão.

Aprenda: muito sobre o seu futuro cliente para então vir propor o que ele precisa!

Agora, sobre falar claramente, isso vai além de usar palavras certas ou uma boa gramática. Significa ser transparente sobre o que você quer e o que pode oferecer. Envolve apresentar seus argumentos de forma lógica e coerente. E, mais importante, envolve a disposição para adaptar-se e flexibilizar-se. Em uma negociação, raramente você conseguirá 100% do que deseja. Então, esteja preparado para dar e receber, para avançar e recuar.

No fim das contas, a verdadeira comunicação, aquela que leva a acordos frutíferos e relações duradouras, é uma mistura bem equilibrada de escuta ativa e expressão clara. E, ao dominar essa combinação, você não apenas se torna um negociador habilidoso, mas também um dançarino magistral na dança da persuasão.

3.3.2 Respeito mútuo

Imagine tentar dançar com alguém que está constantemente tentando pisar em seus pés. Não é muito divertido, certo? Da mesma forma, a negociação requer um respeito mútuo. Reconheça o valor e as preocupações da outra parte. Isso não apenas torna o processo mais agradável, mas também facilita a obtenção de resultados favoráveis para ambos os lados.

3.3.3 Soluções ganha-ganha

No universo da negociação, há uma premissa fundamental: ambas as partes devem se beneficiar do acordo. Em vez de ver a negociação como um jogo de soma zero, onde uma parte ganha à custa da outra, busque soluções que beneficiem a todos. Este é o coração da chamada "negociação integrativa", onde o foco está em criar valor para todos os envolvidos.

E, já que estamos falando de dança, vamos fazer uma analogia final. Pense em uma bela apresentação de tango. Cada movimento, por mais planejado que seja, exige adaptação e sintonia entre os dançarinos. Às vezes, um guia e o outro segue, mas há momentos em que ambos se movem juntos, criando uma performance harmoniosa.

Da mesma forma, na negociação, haverá momentos em que você precisará liderar e outros em que terá que seguir. O importante é que, ao final, ambos os "dançarinos" saiam do "palco" satisfeitos com a performance. Ao ceder faça a sua solicitação seguindo estes passos e tudo será suave.

Então, da próxima vez que você estiver em uma mesa de negociação, lembre-se: é uma dança. Respire fundo, escute ativamente, respeite a outra parte e busque sempre por soluções que beneficiem a todos. E, acima de tudo, divirta-se! Porque, no final das contas, a negociação é uma das danças mais empolgantes que você vai experimentar em sua carreira.

Algumas dicas práticas:

Não saia oferecendo seu projeto à vista. Assim, você não deixa espaço para uma negociação, ou melhor, até deixa, porque agora, além do que já foi facilmente ofertado, virá mais um pedido. Ao fazer uma concessão, condicione ao fechamento, por exemplo: se eu topar, você fecha comigo amanhã? Novamente... Desconto não se dá, se negocia.

3.3.4 Respeito mútuo

Em um mundo tão acelerado e por vezes até impessoal, poderíamos esquecer o quão valioso é esse conceito. Mas no universo das negociações e também da vida profissional como um todo, o respeito mútuo pode ser comparado ao alicerce de um edifício: fornece a base sobre a qual todas as interações produtivas são construídas.

Entender e valorizar a perspectiva da outra parte é mais do que uma cortesia, é uma estratégia. Ao reconhecer o valor e as preocupações do outro, você está realmente pavimentando o caminho para um entendimento mais profundo e soluções melhores. E vamos ser honestos, quem não quer ser valorizado e compreendido?

Porém, o que esse respeito representa profissionalmente?

Credibilidade: quando você demonstra respeito, também está construindo uma reputação de profissional confiável e respeitoso. Isso aumenta sua credibilidade no mercado e faz de você uma escolha preferencial para futuras parcerias ou negociações.

Compreensão: respeitar não significa apenas ser educado. Significa se esforçar genuinamente para entender a perspectiva da outra parte. Essa compreensão permite que você antecipe necessidades, preveja objeções e formule propostas mais atraentes.

Ambiente positivo: um ambiente onde o respeito mútuo é uma constante é propício para a criatividade, colaboração e solução de problemas. Reduz o atrito, diminui mal-entendidos e torna a negociação uma experiência mais fluida e produtiva.

Relações duradouras: relações comerciais e profissionais não são transações únicas. São construídas ao longo do tempo e baseadas na confiança. O respeito mútuo é um dos pilares dessa confiança. Ao cultivá-lo, você está investindo em relações duradouras e benéficas.

Decisões equilibradas: quando ambas as partes em uma negociação se sentem respeitadas, é mais provável que cheguem a um acordo equilibrado que atenda às necessidades de ambos. Isso evita acordos unilateralmente favoráveis que podem levar a ressentimentos ou problemas futuros.

Resumindo, o respeito mútuo não é um "extra" ou "algo bom de se ter". É um ingrediente fundamental para o sucesso profissional, especialmente no contexto de negociações. Ao adotar uma abordagem que valorize e honre a perspectiva da outra parte, você está realmente investindo em seu próprio sucesso e construindo uma trajetória profissional enriquecedora. E vamos concordar, não é uma sensação maravilhosa ser tanto respeitado quanto respeitoso?

3.3.5 Soluções ganha-ganha

Seja nos negócios ou na diplomacia, a busca por acordos onde todos saem vitoriosos não é apenas uma estratégia idealista — é uma necessidade real. Por décadas, a mentalidade predominante era de que a negociação era como uma torta. Se alguém levasse uma fatia maior, isso significaria, inevitavelmente, que o outro ficaria com uma fatia menor. No entanto, os pensadores contemporâneos da negociação trouxeram uma visão revolucionária para esse cenário, defendendo a ideia de que, com habilidade e colaboração, a torta poderia ser expandida para beneficiar a todos.

A "negociação integrativa", como é conhecida, tem suas raízes nos trabalhos pioneiros de Roger Fisher e William Ury, autores de "*Getting to Yes*" ("Obtendo um Sim", em tradução livre). No livro, os autores defendem a ideia de que os negociadores podem obter melhores resultados se se concentrarem em interesses, e não em posições. Em vez de se fixar em demandas ou concessões específicas, a negociação integrativa procura entender as necessidades subjacentes e os motivadores de ambas as partes, usando-os como ponto de partida para soluções criativas.

A beleza da negociação integrativa é que ela não se limita a uma indústria ou setor. Embora tenha sido adotada inicialmente por diplomatas e profissionais do direito para resolver disputas complexas, essa abordagem ganhou popularidade em uma variedade de mercados:

Tecnologia: empresas de tecnologia frequentemente colaboram em parcerias mutuamente benéficas, onde a partilha de recursos, como patentes ou infraestrutura, pode levar a inovações que beneficiam ambos os parceiros.

Saúde: hospitais e fornecedores, por exemplo, podem entrar em acordos de compra onde os descontos por volume ou acordos de longo prazo beneficiam tanto o hospital em termos de custos quanto o fornecedor em termos de receita garantida.

Imobiliário: na venda de propriedades, os agentes imobiliários podem usar a negociação integrativa para atender aos desejos de compradores e vendedores, encontrando soluções como prazos de fechamento flexíveis, inclusão de mobília, entre outros.

Moda e Varejo: marcas podem cocriar coleções limitadas, beneficiando-se da base de clientes uma da outra, ampliando a visibilidade e aumentando as vendas.

E na arquitetura e interiores?

Se olharmos mais para outras indústrias, enxergando mais além da arquitetura, conquistaremos mais indicações, seja durante o projeto, a proposta ou para a obra. Esse é o poder da negociação.

O poder da negociação integrativa reside em sua capacidade de transformar o cenário competitivo em colaborativo. Isso promove relações mais fortes, resultados sustentáveis e, mais importante, cria um ambiente onde todos se sentem valorizados e ouvidos. E, sinceramente, quem não adoraria viver em um mundo onde todos ganham?

Da próxima vez que você estiver em uma mesa de negociação, lembre-se: é uma dança. Respire fundo, escute ativamente, respeite a outra parte e busque sempre por soluções que beneficiem a todos. E, acima de tudo, divirta-se! Porque, no final das contas, a negociação é uma das danças mais empolgantes que você vai experimentar em sua carreira.

3.4 A transformação da rejeição em oportunidade

Quem nunca teve um projeto, proposta ou ideia rejeitados e sentiu aquela sensação de estômago revirado, como se tivesse acabado de descer uma montanha-russa em alta velocidade? Bem, se nunca sentiu, parabéns! Mas para a maioria de nós, a rejeição é um componente inevitável da jornada profissional e, algumas vezes, até da vida pessoal. E sabe qual é a boa notícia? Em vendas, a gente recebe mais não do que sim!

Então, qual é a chave para lidar com a rejeição sem desabar? Transformá-la em oportunidade. E aqui vão algumas dicas para lidar com isso:

3.4.1 Não leve para o lado pessoal

A rejeição, embora dolorosa, é uma parte natural e inevitável do processo de comunicação. Pense nela como um espelho embaçado que não reflete a imagem com precisão total. No mundo da comunicação, não importa quão bem você transmita sua mensagem ou apresente seu projeto; sempre haverá uma variável que pode desencadear um "não" como resposta.

Uma das maiores armadilhas em que os comunicadores (ou, de fato, qualquer profissional) podem cair é interpretar essa rejeição como uma avaliação direta de suas habilidades, talento ou valor. "Eles não gostaram da minha proposta, então eu devo ser inadequado", ou "Meu projeto foi recusado, logo, eu não sou bom o suficiente". Estes são pensamentos destrutivos que não apenas minam a confiança, mas também distorcem a realidade.

A verdade é que uma série de fatores externos pode influenciar a decisão de rejeitar uma proposta ou projeto. Por exemplo, talvez a empresa esteja passando por uma reestruturação interna, e prioridades tenham mudado desde a última vez que você conversou. Ou, talvez, o orçamento para o projeto tenha sido reduzido inesperadamente. Em outros casos, a rejeição pode ser o resultado de uma má comunicação. Talvez a pessoa do outro lado não tenha compreendido completamente o que você estava oferecendo ou não tenha percebido o valor real que seu projeto traria.

Entender que a rejeição nem sempre é pessoal é o primeiro passo para lidar com ela de forma produtiva. Em vez de se afogar em autocrítica, faça perguntas. Procure entender por que a proposta foi rejeitada. Peça *feedback* específico. Afinal, a comunicação eficaz é uma via de mão dupla.

Ao decifrar o verdadeiro motivo por trás da rejeição, você não só evita se martirizar desnecessariamente, mas também adquire informações valiosas que podem ser usadas para ajustar sua abordagem no futuro. A rejeição, quando vista através da lente da curiosidade e do desejo de compreender, pode se transformar em uma ferramenta poderosa para o aprimoramento profissional e para a eficácia comunicativa, e, sem dúvidas, problemas em oportunidades.

3.4.2 Olhe para o *feedback*

O *feedback* é uma moeda inestimável. Pense nisso como uma bússola, um guia que aponta direções para ajustes e aprimoramentos. Quando enfrentamos a rejeição, o *feedback* atua como uma lente, ajudando-nos a ver com mais clareza onde podemos ter errado ou o que pode ser melhorado.

A primeira emoção que muitos de nós sentimos ao receber *feedback*, especialmente se ele é crítico, é a defensiva. "Eles simplesmente não entenderam!" ou "eles estão sendo muito duros!" são respostas comuns. Porém, após essa primeira onda de emoção, é fundamental pausar, respirar fundo e realmente ouvir o que está sendo dito. Em muitos casos, escondido por trás das palavras de crítica, há um ponto válido que pode fornecer *insights* valiosos para o crescimento.

Por exemplo, se um cliente menciona que a paleta de cores escolhida não ressoou com ele, não é necessariamente uma crítica ao seu senso estético. Pode ser que, para aquele projeto específico, ele esperava algo diferente ou que associasse a algo mais profundo para ele. Assimilar esse *feedback* e considerá-lo em futuras decisões pode ser a chave para criar uma proposta mais alinhada às expectativas do cliente.

Da mesma forma, se o *feedback* gira em torno do orçamento, isso não significa que seu trabalho não tenha valor. Talvez, haja a necessidade de esclarecer melhor o valor intrínseco do que está sendo oferecido, ou talvez seja uma questão de adaptar-se a um orçamento mais restritivo. O importante é compreender o contexto.

O ato de escutar e internalizar *feedback* não significa que você tem que concordar com cada palavra ou mudar cada aspecto de seu trabalho. O objetivo é refinar sua abordagem, entender melhor seus clientes e, finalmente, aprimorar sua capacidade de comunicação. No fim das contas, *feedback* é uma ferramenta de crescimento, e quando abordado com uma mente aberta, pode ser o catalisador para levar sua comunicação ao próximo nível.

Transforme "problemas" em oportunidades.

3.4.3 Reconheça a rejeição como redirecionamento

Muitas vezes, quando somos confrontados com uma porta fechada, esquecemos de olhar para as muitas outras que ainda estão abertas ou que podem se abrir em nosso caminho. A rejeição, por mais dolorosa que seja inicialmente, pode ser um gentil empurrão na direção de algo que se encaixa melhor com nossas habilidades, valores ou objetivos.

Quando entendermos que a conexão é crucial, a rejeição pode ser uma bênção disfarçada. Pode ser o sinal de que não estávamos realmente em sintonia com as necessidades ou expectativas do cliente. Ou talvez, que nossa visão e a do cliente estivessem em diferentes trajetórias, e, em vez de forçar uma união, o universo simplesmente decidiu que era hora de seguir caminhos diferentes.

Manter uma mentalidade positiva em relação à rejeição é mais do que otimismo cego; é reconhecer que cada interação, seja bem-sucedida ou não, nos oferece uma oportunidade de aprendizado. Por exemplo, um projeto que não se concretizou pode nos levar a refletir sobre nossas abordagens de comunicação, refinando-as para futuras interações. Ou pode nos impulsionar a expandir nossa rede, buscar novas colaborações, treinamento específico, ou até mesmo reavaliar o foco de nosso trabalho.

Ao reconhecer a rejeição como redirecionamento, damos a nós mesmos a liberdade de seguir em frente com confiança, sabendo que cada experiência é uma etapa em nossa jornada contínua de crescimento e evolução. E, quem sabe? Talvez aquela esquina, aquela onde o universo sugeriu que algo melhor estivesse esperando, esteja repleta de oportunidades inesperadas e maravilhosas, prontas para serem descobertas.

Todo mundo que vende recebe mais "não" do que "sim". Você se reconhece como um vendedor? Melhor que sim, afinal, sem clientes, não há projeto. Esse foi o segredo do curso "Captando Clientes", que criei quando o mercado de arquitetura e interiores voltou à normalidade, pós-pandemia.

3.4.4 Pratique a resiliência

Você já ouviu aquelas histórias inspiradoras de pessoas que, apesar das adversidades, encontraram o caminho do sucesso? Aquelas figuras cujas jornadas são pontuadas por inúmeros "nãos", mas que, de alguma forma, transformaram cada porta fechada em uma lição valiosa. Eles são a prova viva de que cada obstáculo, cada rejeição, pode ser usado como um trampolim para saltos ainda maiores.

A resiliência é essa capacidade incrível de encarar os desafios, aprender com eles e seguir em frente. Não se trata apenas de resistir, mas de se transformar com cada experiência. É aprender a ver cada rejeição não como um fim, mas como uma oportunidade. Uma oportunidade de avaliar, ajustar e tentar novamente, mas desta vez com mais conhecimento, mais paixão e, sim, com um brilho de determinação nos olhos.

A resiliência é uma das chaves para o sucesso. Porque, vamos ser sinceros, nem todas as conversas vão ser fáceis, nem todas as propostas serão aceitas de imediato. Mas com cada "não", vem a chance de refinar a mensagem, de se conectar de forma mais profunda e de realmente entender o que o público-alvo deseja.

Ao enfrentar uma rejeição, lembre-se das histórias daqueles que vieram antes de você. Use-as como inspiração, levante-se, sacuda a poeira e avance, porque sua próxima grande oportunidade pode estar logo ali, esperando por você. E com resiliência, determinação e uma pitada de otimismo, não há limites para o que você pode alcançar.

3.4.5 Peça outra chance

Nem sempre a primeira impressão é a que fica. Muitas vezes, o que falta é apenas uma pequena adaptação, um novo ângulo ou uma abordagem diferente para que tudo se encaixe. Então, por que não tentar de novo?

Pode ser um tanto assustador voltar para alguém que já expressou alguma forma de rejeição. Porém, a chave é retornar não com a mesma proposta, mas com algo adaptado, refinado e que responda às preocupações ou críticas anteriores. Isso mostra ao cliente ou parceiro que você está realmente comprometido e disposto a trabalhar para atender às suas necessidades.

A *reabordagem* não é apenas sobre apresentar a mesma ideia de forma diferente. É sobre mostrar que você ouviu, entendeu e está disposto a se esforçar para fazer as coisas funcionarem. Esta disposição para adaptar-se, aprender e crescer é, em si, uma comunicação poderosa de seu compromisso e profissionalismo. É rever posições para encontrar soluções melhores.

Além disso, ao pedir uma segunda chance, você também comunica confiança em sua própria capacidade e na validade de suas ideias. Essa autoconfiança, quando combinada com flexibilidade e uma vontade genuína de colaborar, pode ser incrivelmente persuasiva.

Não subestime o poder de um "por favor, dê-me mais uma chance". Com a abordagem certa e as adaptações necessárias, essa segunda tentativa pode ser a que sela o acordo, transformando um inicial "não" em um entusiasmado "sim!". E mesmo que não funcione, você ganhará valiosa experiência e *feedback* para futuras oportunidades. E aí, que tal dar mais um passo e tentar novamente?

No fim das contas, a rejeição é apenas uma parte da nossa trajetória. A magia acontece quando transformamos essa experiência em uma oportunidade de aprendizado, crescimento e, eventualmente, sucesso. Lembre-se de que, atrás de cada "não", pode estar o "sim" mais transformador da sua carreira. E, com essa mentalidade, você estará sempre pronto para enfrentar qualquer desafio que a vida lhe apresentar!

Então, enquanto colocamos o ponto final neste capítulo, imagine-se deixando uma trilha cintilante de experiências memoráveis por onde passa. Acredite, no final, o eco das risadas compartilhadas, das lágrimas de alegria e dos momentos "uau" será a melodia que fará toda a diferença na sua trajetória. Dance, inspire-se, e faça cada interação contar!

PARTE IV:
Gerenciando Finanças e Projetos: o Coração da Sustentabilidade

4.1 A questão da precificação: um olhar além dos números

Cá entre nós, sei que definir a precificação de projetos não é moleza para meus clientes arquitetos e designers. Nas consultorias, os valores que me apresentam estão frequentemente aquém do ideal. Pergunto a razão e a resposta é unânime: o medo de espantar o cliente e perder a oportunidade.

Vamos combinar uma coisa... Remuneração baixa pelo seu trabalho só trará frustração no longo prazo. Foram anos dedicados à faculdade, noites em claro finalizando projetos, lapidando seu estilo. Merecem ser compensados por isso, não acham?

Ser criativo significa que cada projeto será singular, demandando boas doses de inventividade, técnica apurada e gestão para transformar em realidade. Isso tem muito valor!

Reconheço que é tentador reduzir aquele orçamento ou oferecer um super desconto apenas para garantir o contrato. Passamos por essa fase ilusória de acreditar que precisamos trabalhar gratuitamente a princípio para depois surgirem os clientes. Meus caros, acordem! Um bom cliente reconhece seu trabalho e pagará o valor justo por ele.

O que precisa mudar é a maneira como vocês enxergam o próprio negócio. Claro, estamos tratando de artistas, visionários, idealistas. Mas isso não os isenta de conduzir a operação com profissionalismo e cobrar de forma apropriada.

Que tal se concentrar em revisar aquele orçamento e discriminar todas as despesas, custos operacionais e uma margem saudável de lucro para reinvestir em mais projetos?

Que tal parar de desvendar isso sozinho e chamar um profissional de finanças para fazer a coisa certa?

A gente sabe que é algo insano alguém achar que pode fazer sozinho seu projeto e achar que não precisa de um profissional. (Cá entre nós, por isso as cidades são tão feias?) E por isso, você, profissional de arquitetura e interiores, não deveria achar que consegue saber e fazer a coisa certa com suas análises financeiras sozinho.

Já no momento de abordar sua proposta comercial para o cliente, seja transparente e direto. Detalhe cada etapa, o que seu projeto personalizado entregará, como impactará o dia a dia dele. Falar com orgulho das suas soluções criativas e porque você é a pessoa certa para essa obra.

O importante é ver seu entusiasmo pelo projeto contagiando o cliente. Ele entenderá que contratá-lo vale cada centavo diante da experiência e resultado que terá. E caso não dê valor, paciência! Siga firme em sua missão de propagar beleza, conforto e aconchego por meio da arquitetura e do design.

Muitos profissionais, com a desculpa de seguir mais um ano sem enfrentar suas fraquezas, não só com a precificação, mas com marketing e até vendas, falam: "ah, mas o cliente não paga"... É mesmo? Como é que aqueles últimos projetos que você entregou ficaram em pé? Durante meses, seus clientes investiram 300, 500, um milhão. Este cliente não tem dinheiro para pagar? Será mesmo? "Ah, mas aqui na região, cobram bem menos". Quer uma boa e uma má notícia? Sempre terá um infeliz cobrando menos e que ele não seja você! Não é cobrando para baixo que se evolui; é elevando o preço e isso, é claro, com ética e profissionalismo.

Nesse cenário, a transparência e a informação são fundamentais. Cabe aos clientes entenderem o valor de um projeto e valorizarem o trabalho dos profissionais. Por sua vez, os profissionais devem valorizar seu trabalho, estabelecer preços justos e manter-se atualizados sobre produtos e serviços, sobre marketing e vendas, além de serem transparentes em suas relações contratuais. Essa dinâmica de respeito mútuo e clareza pode ser a chave para resolver as controvérsias, como, por exemplo, a que existe em torno da Reserva Técnica (RT). Este é quase um debate eterno e que divide a classe profissional dos arquitetos em dois lados: os que acham justo e natural e os que classificam como imoral. É um eterno dilema para o profissional, pelo menos nestes quase 10 anos em que atuo neste mercado.

Há anos, a prática é proibida pelo Conselho de Arquitetura.

Cobrar o justo não é ser ganancioso. É poder dedicar seu talento àquilo que ama, com sustentabilidade financeira. Você merece!

E voltando ao cobrar justo. Isto não é ser ganancioso.

Como consultora para esses profissionais talentosos, mergulho em seus dilemas de precificação. Percebo que alguns definem valores modestos por temor de desencorajar clientes ou parecerem ambiciosos demais.

Quando não se sabe vender, se vende o mais fácil.

Mas essa abordagem minimiza o valor real de seu trabalho árduo, além de gerar frustração, como se anos de estudo e prática não fossem bastante reconhecidos. Infelizmente, cenário comum entre criativos.

A raiz do problema é quantificar todo o espectro de habilidades e ganhos que seu trabalho entrega. Projetos de arquitetura e interiores envolvem criatividade, técnica apurada, gestão de equipe, além de refinado senso estético para conceber espaços belos e funcionais, atendendo demandas particulares. Transformar locais vazios em lares elegantes ou ambientes corporativos otimizados exige visão holística e domínio de várias disciplinas como software, direito, engenharia. Sem dúvida, uma carreira desafiadora e gratificante.

Em um mercado aquecido, a precificação assertiva persiste como um gargalo. Por isso, enxergar *Além da Arquitetura* é fundamental para arquitetos e designers. Controlar custos, definir taxas justas por projeto, considerando despesas, impostos e lucro, é crucial.

Muitos profissionais acreditam que preços elevados podem afastar o consumidor. Isso só acontece se são percebidos como uma perda, ou seja, é quando não se enxerga o valor.

Por outro lado, preços altos podem ser um indicador de qualidade superior, aumentando o valor percebido do produto e ganhando a preferência do cliente.

E você, de que lado quer ficar?

Foque em orçamentos equilibrados, sem descontos aleatórios ou desvalorização. Cobrar o adequado também filtra clientes que buscam apenas o mais barato.

Explicar detalhadamente seu processo, técnicas, entregáveis e resultados esperados embasa a precificação e educa o cliente sobre o minucioso trabalho por trás de projetos magníficos. Nos meus treinamentos, sempre foquei os estudos no desenho e criação mercadológica sobre os serviços. E na venda deles. Se apenas uma planilha resolvesse todas as dúvidas, que bom seria, mas não é só isso. E também não é simplesmente lidar com espaços, e sim empregar seu conhecimento especializado para melhorar a qualidade de vida das pessoas.

Valorizar essa expertise única é essencial para popularizar arquitetura e interiores de qualidade, antes restritos às elites. Assim, mais pessoas podem acessar soluções estéticas e funcionais para viver e trabalhar melhor.

Durante o MBA em *Marketing e Branding* que cursei, tive a oportunidade de assistir a uma aula com Tim Ash, uma autoridade reconhecida no campo de psicologia evolucionista e de marketing digital.

Segundo estudos de neurociência, durante as aulas ele disse: "gastar [dinheiro] usa a mesma área do cérebro que a dor física". É isso. Isso me fez entender tudo que vivo na prática ouvindo meus clientes na consultoria, alunos e eu mesma. Ambos vendemos serviços de alto valor.

Contudo, para transformar dor em valor, é preciso tangibilizar o seu trabalho. Ser bem valorizado e ganhar reconhecimento fortalece a autoestima e a realização profissional. É possível atender à crescente demanda de forma saudável e sustentável, confiando no mérito de seu trabalho criativo e técnico diferenciado.

4.1.1 Sugestão de um bom começo, ao precificar seu trabalho

Precificar serviços criativos como projetos de arquitetura não é uma ciência exata. Não existe uma planilha pronta ou fórmula mágica que sirva para todos os casos. Cada profissional ou escritório precisa encontrar a melhor forma de precificar seu trabalho de acordo com sua realidade, especialidade e tipo de cliente.

É aqui que a minha parte entra: 30%, 40% e até 50% da formação de preço depende do que você faz e de como produz e do valor de marca que construiu; sem isso, a planilha será bonita no papel, mas não será algo real.

Exemplo: não adianta seu financeiro basear algo estimando se o realizado, de fato, vier de um processo sem controles e limites, com muitas revisões. O realizado será furado. E isso acontece demais.

No entanto, este checklist apresenta algumas dicas importantes que podem ajudar o profissional criativo a estabelecer uma precificação justa e condizente com o valor agregado ao cliente. É um norte, não uma regra fixa.

Encontrar a melhor precificação, aliada ao seu posicionamento, pode fazer toda diferença no sucesso do seu negócio criativo!

Mas se acalme; antes de terminarmos, falaremos sobre marketing: o componente poderoso na precificação de arquitetura e interiores.

4.2 Vender seu peixe? Sim!

Muitos arquitetos e designers, como você, sentem aquele frio na barriga na hora de fechar a venda de seus projetos. Mesmo depois de tanto suor e dedicação para criar a solução perfeita, ainda existe o receio, medo de parecer ganancioso ou de levar um sonoro não.

E se boa parte desse desconforto vier justamente da dificuldade de valorizar e visualizar o tamanho desse trabalho? Afinal, você é criativo, sonhador, não um vendedor obstinado. Como conciliar sua veia artística com a necessidade de convencer alguém a pagar um bom preço pelo seu projeto?

Pois é exatamente sobre isso que vamos conversar aqui. Que tal aprender a vender seu peixe sem vergonha ou culpa? Apresentar suas criações com orgulho e autoconfiança, sem medo de cobrar o justo valor pelo seu talento e dedicação?

Sim, você transforma espaços vazios em ambientes cheios de vida e personalidade. Dá forma a sonhos, orça cada detalhe com carinho. Mas isso não acontece por mágica: envolve muito conhecimento técnico e valor agregado ao cliente. Então, mãos à obra para vender sem pudor esse seu talento todo!

4.2.1 Vendendo seu peixe, sem vergonha!

Primeiro, lembre-se: não adianta fazer o projeto mais lindo do mundo se você não souber vendê-lo. Se você não sabe vender, pense que sua jornada como dono de um negócio será bem conturbada.

Pensa comigo: o cliente quer comprar, ele já pediu uma proposta. E se ele não comprar de você, será de outro profissional. E, para convencer o cliente de que seu trabalho vale cada centavo, é preciso seguir uma estratégia, que, no geral, não foge muito de uma estrutura que contempla os itens abaixo.

Usar todos os itens do roteiro abaixo, ou pinçar alguns, dependerá de sua escolha e necessidade, mas minha experiência me obriga a alertá-lo sobretudo ao que o cliente gostaria de saber antes de fechar negócio com você e que, para facilitar sua vida, já ordenei em termos de lógica e coerência, como um checklist.

Vamos lá:

- Antes da reunião, faça um dever de casa sobre o perfil e necessidades do cliente. Estude o projeto para entender como suas escolhas de layout, acabamentos e designs personalizam a solução para aquela pessoa ou empresa. Faça muitas perguntas e ouça o cliente. Estimule-o. Prepare-se para mostrar todo o valor que seu projeto vai entregar.

- Abra a apresentação ressaltando a experiência única que o cliente terá ao confiar seu projeto a você. Destaque casos de sucesso, prêmios recebidos, depoimentos de outros clientes satisfeitos. Isso gera credibilidade e confiança.
- Em seguida, detalhe o processo desde o início. Explique como analisou o imóvel, ouvindo as metas e sonhos do cliente. Como cada parte do projeto foi pensada para atender demandas específicas da família ou dos funcionários da empresa.
- Enfatize as soluções criativas que propôs para otimizar espaços, integrar ambientes, potencializar luz natural. Mostre como seus conhecimentos técnicos em legislação, acessibilidade, conforto térmico e acústico tornam aquele projeto especial.
- Destaque com orgulho detalhes que personalizam o projeto segundo o estilo do cliente. Cores marcantes, marcenaria customizada, espaços de lazer. Deixe claro que é algo feito sob medida, não um projeto genérico.
- Enfatize também os benefícios intangíveis que seu projeto trará. Mais bem-estar, produtividade, momentos em família, status, valorização do imóvel. Lembre-se que você não vende só m², mas qualidade de vida!
- Mostre com transparência a composição do investimento necessário, das horas de dedicação da sua equipe, dos custos de materiais previstos.
- Ofereça uma solução *premium* e outra, com menos recursos — e claro, menos serviços. Deixe o cliente livre para escolher a melhor solução para ele. Adicione benefícios para o pacote maior de forma que ele realmente pareça mais vantajoso. E cuidado: não dê muitas opções ou o cliente ficará mais em dúvida do que decidido.
- Abra espaço para dúvidas e demonstre flexibilidade, disposição genuína em atender esse cliente. Faça pequenas concessões, se necessário, mas sem depreciar seu trabalho.
- Por fim, recapitule todos os ganhos em confiar seu projeto a você. Transmita segurança de que é a pessoa certa para materializar os sonhos dele em um projeto de qualidade superior.
- Finalize com um chamado à ação, uma proposta irrecusável. Ofereça descontos limitados, brindes exclusivos para quem assinar naquele dia, tendo em mente o "mantra": "se fechar hoje...". Não tenha medo de ser incisivo.

Com essa estratégia, de focar na necessidade do cliente e entender a proposta como um pacote completo e detalhado, sua apresentação mostrará claramente o valor do seu trabalho criativo e técnico. Venderá seu peixe sem vergonha e converterá seu projeto em um bom contrato.

4.3 O poder do resultado: por que ficar de olho?

Agora que já falamos sobre a arte da precificação, vamos abordar um tema igualmente empolgante: o lucro. Ah, sei que só a palavra pode parecer um pouco intimidadora, mas calma. É um assunto vital para quem quer ter sucesso no mundo dos negócios, especialmente na nossa área criativa.

Resultado não é só sobre lucro. Pode parecer estranho ouvir isso, mas é a pura verdade. Ela representa a *eficiência do seu negócio*. Imagine que você fez um investimento — seja de tempo, dinheiro ou ambos — e deseja saber como ele está se saindo. O resultado vai te dar essa resposta.

Imagine que você presta mais de quatro serviços e, para tal, utiliza equipamentos e recursos humanos para cada setor. Qual está dando retorno? E qual, até prejuízo? É isso, você não pode e não deve andar no escuro.

Vou contar um caso real. Há algum tempo, tive uma cliente, uma designer de interiores muito talentosa, que estava com dificuldade para crescer seu negócio. Quando analisamos suas finanças, percebemos que, embora tivesse bons clientes e um volume considerável de vendas, sua lucratividade estava baixa. Isso porque ela gastava muito com equipe e processos pouco produtivos. Ao ajustar esses detalhes e focar em uma estratégia mais eficaz, sua empresa decolou!

"O que pode ser medido, pode ser melhorado" (Peter Drucker).

E, com certeza, quem não enxerga nada, não consegue mudar o rumo e tomar decisões.

Já o oposto são empresas que não só sobrevivem, mas prosperam e crescem. Elas têm flexibilidade para investir, inovar e até enfrentar tempos econômicos mais complicados.

E como fazer isso? Comece por entender todos os seus custos. Não só os óbvios, mas aqueles que, às vezes, passam batido: taxas, despesas adicionais, investimentos em marketing e capacitação. Depois, analise quanto você está realmente ganhando com cada projeto. O resultado desse cálculo vai te mostrar sua lucratividade.

Há os que precisam ser feitos de maneira melhor, ou mais rapidamente, e sua avaliação consiste em saber se isso é melhor para o negócio, para o projeto e para o cliente.

Nunca desista de buscar estas respostas.

4.3.1 A dança dos números: aprendendo o básico

Antes de mergulharmos nos detalhes, quero começar com um pequeno alerta: o que vou apresentar aqui é apenas um exemplo, uma visão geral para você começar a entender o universo dos custos e da lucratividade. No entanto, cada profissional tem sua própria realidade, seus próprios números e nuances específicas. Por isso, sempre recomendo (e não me canso de dizer isso nas minhas consultorias) que você invista nos serviços de um profissional de finanças ou contabilidade. Eles podem ser verdadeiros mestres quando se trata de destrinchar os números e colocar tudo nos eixos.

Mas agora, para que você não fique completamente às escuras, vamos começar com uma ideia básica de como analisar e entender seus custos.

4.3.2 Entendendo seus custos: o passo a passo

Comece pelo básico – custos fixos:

Esses são os custos que não mudam independentemente de quantos projetos você está trabalhando.

- Aluguel do escritório: mesmo que seja um espaço em casa, é importante calcular o quanto esse espaço representa do total do seu aluguel ou hipoteca.
- Salários: mesmo que você seja autônomo, ainda há um "salário" ou retirada mensal que você deve considerar.
- Contas de luz, água e internet: são despesas que ocorrem todos os meses.
- Software e ferramentas: programas de design, gestão de projetos ou até mesmo aquela assinatura *premium* do *Spotify* para suas playlists de trabalho.
- Seguros profissionais e materiais: meus clientes de São Paulo tiveram um prejuízo injusto, mas por fim tiveram que pagar 35 mil do bolso. Se

tivessem seguro talvez só teriam pago 3 mil por ano para evitar grandes prejuízos, ou seja, o valor do seguro. Vale a pena.

- Consultorias e cursos: o investimento deveria ser anual, por isso já deixe previsto.

Custos variáveis:

Estes podem mudar de mês para mês.

- Materiais: dependendo do projeto, você pode precisar comprar amostras, tecidos, tintas etc.
- *Freelancers* ou terceirizados: se você contratar alguém para ajudar em partes específicas do projeto.
- Viagens e deslocamentos: visitas a clientes, feiras ou *showrooms*.
- Impostos: são custos variáveis sobre o faturamento e é muito importante que você avalie de tempos e tempos conforme o crescimento ou seja, faça um planejamento para escolher a tributação correta.

Taxas: Talvez você use plataformas para receber pagamentos, e elas cobram uma taxa. Por exemplo, operadora de cartão de crédito. Fique atento.

Investimentos ocultos:

- Marketing: talvez você tenha um website, faça anúncios no Google ou no Instagram. Isso tem um custo!
- Capacitação: viagens, workshops, livros. Investir em você mesmo custa dinheiro, mas também traz retornos!
- Registros fotográficos: todo ano você deveria fotografar seus projetos.
- Ah, e não se esqueça que estes são todos custos fixos também.

4.3.3 Analisando o resultado de cada projeto

Agora que temos uma visão clara dos custos, vamos fazer uma pequena matemática.

- Receita: quanto o cliente está te pagando pelo projeto.
- Custos diretos: tudo o que você teve que gastar exclusivamente para esse projeto.

Subtraindo os custos diretos da receita, você terá o lucro bruto do projeto.

Por exemplo:

Receita do projeto A: R$ 10.000

Custos diretos do projeto A: R$ 3.000

Lucro bruto: R$ 10.000 - R$ 3.000 = R$ 7.000

Para finalizar, pegue esse lucro bruto e subtraia os custos fixos mensais (divida os custos fixos pelo número de projetos que você faz por mês). O resultado será o lucro líquido desse projeto. Quando você tiver um histórico, uma base anual de custos e faturamento, conseguirá adequar melhor porque vai enxergar o ciclo de um ano inteiro e poderá identificar aqueles gastos que são esporádicos ou anuais como IPTU, CAU, etc. Veja, uma analise completa e bem feita leva um tempo.

Pronto, receita finalizada, "pode servir"...

4.3.4 Opa! Atenção!

O resultado líquido da sua empresa é conhecido como lucro ou prejuízo líquido. Sua empresa ou tem sobra de dinheiro depois de pagar as despesas, ou você estará visualizando um problema de caixa futuro ao apurar o tal prejuízo.

Porém, sua análise deve ser mais profunda. Você pode ter resultados positivos, mas eles não oferecem a visão completa da sua empresa. Para descobrir se as finanças da empresa refletem sucesso ou fracasso, é preciso ir mais além.

Assim, não adianta cortar custos de forma desenfreada, ou seguir a planilha indistintamente, se isso diminuir a qualidade do seu trabalho. É um jogo de equilíbrio.

Por fim, sempre digo aos meus clientes: *lucratividade é poder*. Poder de escolher os projetos que você quer trabalhar, de definir seu próprio ritmo e, claro, de garantir a sustentabilidade e crescimento do seu negócio.

Lucratividade deve estar em "todas as etapas" do seu maior projeto: você.

Contrate para esta jornada algum especialista em finanças. Você é arquiteto, designer ou criativo. Ao fazer sozinho pode, sim, chegar a conclusões erradas ou pelo menos, limitadas. Já atendi muitas pessoas que achavam que tinham tudo na ponta do lápis, mas estava tudo "furado".

PARTE V:

Da Concepção à Realização: Orquestrando a Obra

5.1 Acompanhando obras: a melodia da coerência

Se existe uma coisa que aprendi ao longo da minha jornada assessorando criativos[1] é que, se há uma fase que não podemos subestimar é o acompanhamento de obra. Imaginem isso como orquestrar uma melodia. Sabe quando você escuta uma canção e sente que tudo flui, que cada nota está no lugar certo, formando uma harmonia impecável? Esse é o poder da coerência.

Então, por que a comparação com uma melodia? Simples. Uma obra, assim como uma canção, tem diferentes partes que devem trabalhar juntas para que o resultado seja, de fato, aquilo que você sonhou. Mas vamos deixar as metáforas um pouquinho de lado e mergulhar de cabeça na prática.

Imagine que você criou o projeto arquitetônico perfeito. Desenhou cada detalhe com carinho, pensou em cada solução inovadora. E então, confiante, entregou o projeto nas mãos de terceiros para execução. Aqui começa a verdadeira maratona!

5.1.1 Mantenha-se presente

Não basta apenas dar uma olhadinha rápida ocasionalmente, ou sair "*batendo salto na obra*"[2] para fingir que está presente. É preciso realmente marcar presença frequente no local para acompanhar tudo de perto ou ter parceiros de confiança para relatarem os serviços a você.

Estar presente permite que você analise o progresso, tire dúvidas com a equipe, identifique e antecipe possíveis problemas. Também é uma oportunidade para verificar se os materiais utilizados e as técnicas empregadas estão dentro do especificado em seu projeto.

Em algumas situações, ajustes e adaptações são necessários diante de imprevistos ou limitações. Por isso, é tão importante você estar por perto! Afinal, ninguém conhece seu projeto tão bem quanto você. Dessa forma,

---

[1] Usei o termo "criativos", mas você pode chamar como quiser! Se você não é designer, sugiro que confira o website do CAU e veja diferentes nomenclaturas muito bem escolhidas e explore o que melhor define a sua entrega. A página mais completa sobre isso está aqui: https://caubr.gov.br/conheca-os-sete-grupos-de-atividades-dos-arquitetos-e-urbanistas/

[2] "Bater salto na obra" é um termo que uso depois que um áudio de uma pessoa que estava fazendo orçamento com um arquiteto recusou qualquer planta, projeto ou layout, porque achava que isso era dispensável. Não resistindo à ironia do termo, passei a me referir às visitas sem sentido às obras, dessa forma.

pode garantir que qualquer modificação preserve a essência e o conceito originais.

Até aqui já temos muitos motivos para que o cliente queira o seu trabalho nesta jornada, certo? Mas tem mais.

Sua presença frequente também motiva a equipe a manter os padrões de qualidade e o cuidado na execução, já que você está acompanhando tudo de perto. É uma maneira de honrar todo o trabalho que você dedicou na fase de projeto.

Único motivo que o excesso de presença na obra é proibido: quando você deixou este momento para trabalhar o que não trabalhou em projeto. Explico: não inicie obras sem projetos. Isso com certeza vai extrapolar a sua lucratividade e, quando não muito, a sua paz.

À medida que você constrói um time e o aprova com seus clientes, o trabalho flui de uma maneira mais leve e, por que não, automática. Isso, sim, é uma vantagem competitiva que, infelizmente, encontrei em poucos profissionais até hoje. E, felizmente, já ajudei diretamente centenas a mudarem de time: o time que fica feliz com mais uma obra e não com medo.

Por fim e não menos importante: engaje seu cliente: solicite a presença dele em muitas idas à obra.Como sempre falei em tantas palestras e cursos: compartilhe riscos, porque eles existem e não são apenas seus.

5.1.2 Relacionamento é tudo

Muitos profissionais criativos veem a equipe de execução da obra e fornecedores, em geral, como adversários e vice-versa. Em vez disso, são seus aliados! Afinal, essas pessoas estão colocando seu projeto para sair do papel e se tornar realidade. Isso aumenta a parceria e melhora a comunicação do processo.

Na verdade, digo mais: é uma vantagem competitiva dos profissionais que reúnem um time "prá chamar de seu"!

Por isso, estabelecer uma relação de confiança, respeito e colaboração é fundamental. Crie canais abertos de comunicação. Esteja sempre disposto a tirar dúvidas, ouvir opiniões e fornecer *feedbacks* construtivos sobre o andamento do trabalho.

Fomente um ambiente positivo e encoraje a equipe quando ela estiver indo bem. Comemore cada etapa concluída. Isso cria um senso de propósito compartilhado entre vocês.

Liderar pela inspiração ao invés de imposição gera mais comprometimento. Articule claramente sua visão, para que todos tenham orgulho de contribuir para o resultado.

5.1.3 Antecipe-se aos problemas

Por mais experiente que a equipe seja, imprevistos acontecem. Mas boa parte deles pode ser evitada ou minimizada com planejamento e antecipação.

Durante suas visitas constantes à obra, fique com olhos e ouvidos bem abertos. Observando os detalhes, conversando com a equipe, já dá para identificar possíveis gargalos ou riscos antes que virem dores de cabeça. Você conhece profundamente seu projeto e tem expertise na área. Use isso a seu favor para prever o que pode dar errado em cada etapa e se preparar.

Se perceber que algum material está em falta ou atraso, corra atrás de alternativas viáveis o quanto antes. Caso algum detalhe construtivo esteja ficando aquém do esperado, sinalize logo para a equipe. Esteja alguns passos à frente, avaliando constantemente o que precisa ser ajustado para manter a coerência da obra. Dessa forma, evita contratempos maiores e garante a qualidade final.

Ao longo da minha carreira, vi projetos que, por falta de um acompanhamento ativo, tomaram rumos completamente diferentes do imaginado. E o resultado? Bem, nem sempre era o que o cliente ou o designer esperavam. Em contrapartida, tive o prazer de ver trabalhos que, com um acompanhamento atento e carinhoso, tornaram-se verdadeiras obras-primas, fiéis à visão original. E você, quer ficar na plateia ou subir ao palco e conduzir essa orquestra?

Acompanhar de perto é mais do que uma responsabilidade; é uma oportunidade de garantir que seu talento e visão se concretizem da maneira mais harmoniosa possível. E não esqueça, a recompensa por esse esforço é ver o sorriso no rosto do cliente e a sensação de dever cumprido!

5.1.4 Atenção total, agora!

Depois de tantos casos que acompanhei como consultora, vejo que muitos arquitetos vivem este filme de terror: "receba para começar e reze para sair da obra". Sim, porque uma obra é um evento vivo, cheio de variáveis. Por mais que se planeje ao máximo, sempre haverá imprevistos. É uma verdadeira caixa de surpresas!

São muitos fornecedores e etapas inter-relacionadas. Se alguma coisa atrasa, gera um efeito dominó. Já vi tantos projetos nos quais, no final, todas as partes saíram perdendo de alguma forma.

O cliente, que precisou arcar com retrabalhos ou trocas de material por falhas. O arquiteto, que estimou o prazo e acabou trabalhando o dobro, sem poder cobrar a mais. Os próprios fornecedores, impactados pelos atrasos coletivos.

Agora, preste atenção... Pode existir algumas coisas que não serão cobradas, mas continuarão sendo de sua responsabilidade. Fiz esta lista em 2019 enquanto ministrava um curso presencial. Veja se você não faz de fato tudo isso, mas até então não mostrava ou, em outras palavras, "não vendia".

Listei aqui os 17 passos que você dá na obra e, talvez, não cobre:

1. Quantificar;
2. Orçar/preparar;
3. Enviar e-mail e ligar para fornecedores;
4. Receber e conferir os orçamentos;
5. Cobrar/lembrar alguns que ainda não mandaram;
6. Refazer alguns orçamentos;
7. Preparar a apresentação dos orçamentos;
8. Cobrar a posição dos clientes (lembrar dos aceites);
9. Ir à obra;
10. Atender fornecedores;
11. Atender os clientes;
12. Ir às lojas;
13. Resolver bombas, pepinos e abacaxis;
14. Prezar pela qualidade da obra;
15. Participar de reuniões;
16. Resolver bombas, pepinos e abacaxis de novo e muitos pelo WhatsApp, o dia todo;
17. Atuar em cima dos cronogramas.

Perceberam quantos desses passos incluem a palavra "obra"? Pois é. Poucos! Antes de tudo, é importante definir os limites e a nomenclatura da sua prestação de serviço. Gerenciamento, execução, administração de obra ou gestão? Se você é arquiteto e urbanista, consulte os guias do seu conselho, pois lá você encontra em detalhes o descritivo que melhor se adapta. Por aqui, vamos simplificar e chamar de "acompanhamento de obra", ok?

O acompanhamento de obras é uma faceta essencial e, muitas vezes, subestimada no trabalho de arquitetos e designers. Pode-se comparar essa atividade a um iceberg: estar fisicamente presente na obra é apenas a ponta visível, mas há uma imensa parte submersa, repleta de detalhes e processos que não são realizados durante as famosas "visitas à obra". Essa parte oculta do trabalho é, muitas vezes, onde reside o verdadeiro esforço e habilidade do profissional.

É crucial ressaltar que o trabalho fora do canteiro de obras — a parte submersa desse iceberg — é o que muitas vezes define o sucesso do projeto. Essa etapa inclui planejamento detalhado, coordenação com fornecedores e prestadores de serviço, gerenciamento de prazos e orçamentos, e a solução de problemas inesperados. É nesta fase que se destaca a capacidade do profissional de antecipar desafios e encontrar soluções criativas e eficientes.

Minha abordagem como consultora sempre enfatizou a importância desse trabalho "invisível", e é por isso que meu trabalho é reconhecido e recomendado no mercado. Essa visão mercadológica é algo que arquitetos e designers precisam compreender e incorporar em suas práticas. O sucesso de um projeto não se limita apenas à beleza estética ou à funcionalidade do espaço físico; ele se estende também à eficiência e à precisão com que todo o processo é conduzido, desde a concepção até a entrega final. E isso define a experiência do seu cliente.

E lembrem-se: uma obra bem conduzida também traz muitas alegrias! Ver aqueles ambientes ganhando vida, o sonho do cliente se materializando, poder fazer os ajustes finais. É uma sensação ímpar!

Portanto, assumam uma atitude positiva e proativa. Essa sinfonia ainda vai ter muitos acordes até a melodia final. Cabe a vocês guiá-la com competência, paciência e consideração por todos os envolvidos.

Quando vierem os imprevistos, é a hora de mostrar versatilidade para manter a obra coerente. E a recompensa virá na forma de um projeto bem executado e um cliente satisfeito e fiel.

5.2 Simplificando processos: a leveza na prática

Sabe aquela sensação de olhar para a sua agenda ou para a sua lista de tarefas e sentir que ela está tão abarrotada que parece o guarda-roupa da gente após as promoções de final de ano? E, nesse momento, eu diria que talvez seja a hora de fazer uma revisão geral e simplificar alguns processos.

Veja bem, não estou dizendo para você se desfazer do que é essencial. Assim como na moda, em que há peças-chave que nunca saem de estilo, nos processos também temos aqueles que são fundamentais. Mas às vezes, uma boa "faxina" é necessária para que tudo flua melhor.

5.2.1 Avalie o que realmente importa

Sugiro que faça uma revisão profunda dos seus processos de trabalho. Analise cada etapa e questione: esse processo está diretamente ligado ao objetivo principal do meu negócio e da experiência que quero proporcionar ao cliente?

Muitas vezes incorporamos rotinas que pareciam importantes num primeiro momento, mas que com o tempo se tornaram supérfluas. Foque apenas no que realmente agrega valor ao cliente e facilita o seu trabalho como projetista. Desapegue de processos que consomem seu tempo e energia em excesso sem trazer ganhos significativos. Simplifique ao máximo tudo o que for burocracia ou papelada desnecessária.

Quanto mais enxuto e otimizado for o seu fluxo de trabalho, mais tempo e concentração você terá para se dedicar ao que realmente importa: criar projetos incríveis e encantar clientes.Minha recomendação é que você não proceda desta forma apenas uma vez, como numa reflexão a respeito de todo o seu trabalho, mas a cada projeto, a cada etapa, sempre e para sempre.

5.2.2 Automatize o que for possível

Nosso mundo hoje em dia nos oferece muitas ferramentas para automatizar processos antes manuais. Então, que tal tirar proveito disso? Por exemplo: use softwares de design que geram automaticamente plantas e imagens realistas. Tenha uma agenda on-line compartilhada com a equipe para organizar prazos. Invista em modelos de apresentações padronizados.

Faça um levantamento do que ainda demanda trabalho braçal desnecessário no seu fluxo e busque soluções tecnológicas para essas tarefas. Automatizar poupa um tempo precioso para você se dedicar à criação e ao atendimento humanizado ao cliente. Claro, sem exageros. O foco deve estar na experiência do usuário, e não na tecnologia pela tecnologia. Encontre o equilíbrio ideal entre ferramentas automatizadas e toque pessoal.

Comece implantando melhorias simples, uma de cada vez. Em pouco tempo, você colherá os frutos de processos enxutos e uma rotina muito mais produtiva e serena.

5.2.3 Mantenha uma comunicação clara

Já falamos disso, mas a comunicação é a cola que mantém todos os processos coesos e por isso ela também está nesse capítulo. Imagina lançar aquele projeto deslumbrante e, na hora da execução, ter problemas por que alguém não entendeu corretamente sua visão? Frustrante, não é?

Então, sempre que começar um novo trabalho, certifique-se de ter uma reunião inicial abrangente com todos os envolvidos. E aqui vai uma dica de ouro: não subestime o poder de um bom diagrama, esboço ou maquete. Visualizar as ideias, muitas vezes, fala mais do que mil palavras!

Além disso, estabeleça canais de comunicação fáceis e eficazes. Seja por meio de softwares de gerenciamento de projetos, aplicativos de mensagens instantâneas ou reuniões periódicas. Lembre-se: um *feedback* rápido pode salvar um projeto de desvios desnecessários.

E, por favor, não guarde dúvidas para si. Se algo não está claro, pergunte! Isso vale para os clientes. Eles podem não ter sua experiência e visão técnica, por isso, simplifique, explique e reexplique quando necessário. Uma boa comunicação é garantia de menos dores de cabeça no futuro.

PAUSA PARA A POLÊMICA...

A comunicação via WhatsApp em projetos é um tema bem delicado e muito conversado durante as consultorias, gerando muita polêmica.

Vamos pensar juntos nisso: o profissional dessa área tem a missão de garantir que o projeto seja seguro, feito no tempo certo e sem erros. Para isso, ele precisa de um processo claro e organizado, que minimize erros e ruídos na comunicação. Mas aí entra o WhatsApp, uma ferramenta que parece ajudar muito, mas que às vezes pode atrapalhar.

5.2.4 O lado controverso do WhatsApp em projetos

Comunicação rápida, mas impulsiva: o WhatsApp permite enviar mensagens rapidamente, o que é ótimo. Mas o problema é que, às vezes, as pessoas escrevem e enviam coisas sem pensar direito. Isso pode gerar confusões e mal-entendidos.

E nenhum projeto tão definitivo como a casa nova aceita este tipo de ruído, não é mesmo? Literalmente, a casa cai quando há descontentamento na execução, ou para o arquiteto, quando o cliente não está satisfeito e, ainda pior, solicita muitas revisões posteriores.

Mudanças constantes: imagine isso: você está almoçando no domingo, vê a parede do vizinho, gosta e manda uma foto como referência para o projeto. Com o WhatsApp, essas mudanças de ideia podem acontecer a qualquer momento. Isso torna difícil ter um projeto estável e bem definido.

Falta de estrutura: se tudo pode ser referência e tudo pode mudar a todo instante, fica difícil ter um projeto concreto e vencedor. O uso excessivo do WhatsApp pode prejudicar a experiência profissional e a própria consultoria.

Se o processo não tem etapas, quando ele termina? Pense nisso!

5.2.5 Alternativas e momentos certos para engajar o cliente

Definindo momentos decisivos: é importante conduzir o cliente para momentos específicos onde decisões importantes são tomadas. Assim, evita-se decisões impulsivas que podem afetar a obra.

Outras formas de comunicação: existem outras maneiras de engajar o cliente, que são mais efetivas do que o WhatsApp. Reuniões presenciais ou videoconferências programadas, por exemplo, permitem discussões mais aprofundadas e estruturadas.

Educar o cliente: parte do trabalho é educar o cliente sobre o processo. É fundamental que ele entenda que não pode haver mudanças constantes e que as decisões devem ser bem pensadas.

Assim, o WhatsApp pode ser uma ferramenta útil, mas precisa ser usado com cautela em projetos de construção e arquitetura. O ideal é equilibrar essa comunicação rápida e acessível com processos mais estruturados e momentos decisivos bem planejados. Assim, o projeto flui melhor, com menos riscos de erros e atrasos.

Agora podemos continuar...

5.2.6 Promova revisões periódicas

Se tem uma coisa que aprendi ao longo da minha trajetória como consultora é que nada é estático. O mercado muda, as tecnologias avançam e nossas habilidades e visões evoluem. Assim, como podemos esperar que nossos processos permaneçam os mesmos ao longo do tempo?

Estabeleça momentos no ano para revisar todos os seus procedimentos. Veja o que está funcionando e o que precisa de ajustes. Talvez aquela estratégia que era supereficiente há dois anos já não traga os mesmos resultados.

E não tenha medo de mudar! Seja flexível. Se um processo não está servindo ao propósito original, adapte-o ou substitua-o. Lembre-se de manter sua equipe informada sobre todas as mudanças.

Inclusive, incentive a participação de todos na hora de revisar e propor melhorias. Às vezes, a pessoa menos esperada traz a solução que você estava buscando. E claro, celebre os sucessos e aprenda com os erros. Afinal, o caminho do crescimento é feito de ambos!

Por incrível que pareça, ao longo dos anos, percebi que às vezes complicamos demais. E aí, em vez de estarmos focados em criar, acabamos enredados em uma teia de processos que nos consome. O mantra aqui é: "menos é mais". Quando simplificamos, damos espaço para a criatividade florescer e para a leveza se fazer presente no dia a dia.

E uma coisa eu garanto: a sensação de trabalhar com processos otimizados e eficazes é libertadora! Como uma brisa suave num dia quente. Dê a si a oportunidade de trabalhar com mais leveza e fluidez.

5.3 Navegando nas águas dos contratos de arquitetura

Não há como negar: a intersecção entre o universo profissional e o jurídico pode ser um terreno escorregadio. Quem de nós não ficou perplexo ao enfrentar a burocracia legal de um contrato, especialmente para vocês, em um setor tão específico quanto a arquitetura?

Entendo que, para muitos, a palavra "contrato" é motivo de confusão. E é precisamente esse medo do desconhecido que leva alguns a evitar o uso desse valioso instrumento. Mas eu lhe pergunto: por que permitir que a incerteza ofusque a segurança que um contrato bem elaborado pode oferecer?

Seja você um experiente profissional, ou um recém-formado que — ainda bem! — quer começar da forma correta, como um empreendedor, o contrato é a pedra fundamental de uma relação comercial.

5.3.1 Compreendendo o básico

Vamos começar alertando: *um orçamento ou uma proposta comercial não é um contrato.* Eles podem fornecer um indicativo de compromisso, devem ser coerentes, mas o real acordo precisa estar claramente detalhado em um documento formalizado.

Identificação das partes

Quando você está elaborando um contrato, reserve um momento para coletar todos os dados relevantes. O "CONTRATADO" refere-se a você, o profissional, enquanto o "CONTRATANTE" é o seu cliente. Esta terminologia pode se inverter dependendo da situação, por isso, mantenha-se atento!

Definindo o objetivo

Seja específico. Este é o momento de detalhar se o projeto é uma construção, uma reforma ou uma ampliação. O endereço da obra, a área aproximada e outros detalhes pertinentes devem ser claramente estabelecidos.

Detalhamento dos serviços

Uma descrição precisa do serviço é crucial. Citando o orçamento anteriormente dado ao cliente, você ajuda a evitar qualquer discrepância ou mal-entendido futuro. Isso é sobre alinhar expectativas e garantir transparência.

Prazos

Lembre-se: as etapas de projetos devem ter prazos. E o seu cliente, além dos direitos, tem seus deveres, inclusive com prazos também.

As delicadezas financeiras

Quando se trata de pagamento, estabeleça claramente os termos. Quando e como você espera ser pago? Quais são os custos adicionais que o cliente deve estar ciente? E lembre-se, cláusulas penais são essenciais; elas garantem que ambas as partes cumpram o acordo.

A importância das testemunhas

Pode parecer um detalhe menor, mas as testemunhas desempenham um papel vital na validação do contrato. Elas solidificam o acordo e dão um peso jurídico adicional ao documento.

Durabilidade do contrato

Definir uma vigência para o contrato é prudente. Ajuda a prevenir mal-entendidos e garante que ambas as partes estejam cientes do período de compromisso.

Buscando equilíbrio

Em qualquer acordo, o equilíbrio é chave. Ambas as partes devem sentir que o contrato é justo e equilibrado. Portanto, mantenha a proporção e a razoabilidade em mente ao estabelecer os termos.

A cautela do início

Sei que a empolgação de um novo projeto pode ser tentadora, mas comece sempre com a certeza de um contrato assinado. Isso protege ambas as partes de mal-entendidos ou disputas futuras.

Cláusulas indispensáveis no mundo atual

Num mundo onde a privacidade é cada vez mais valorizada, é essencial ter em mente a Lei Geral de Proteção de Dados Pessoais. Garanta que você tem permissão para usar qualquer material relacionado ao projeto, especialmente em plataformas públicas.

E para dormir tranquilo contrate um advogado especializado para desenvolver o seu contrato considerando a sua realidade.

5.3.2 Modelos de contrato e a importância da assessoria jurídica

A esta altura de sua carreira, é possível que você já utilize um modelo de contrato validado.

No entanto, é essencial compreender que, mesmo com esses modelos à disposição, cada projeto e cliente são únicos e podem apresentar particularidades que não estejam contempladas em um modelo padrão. Por isso, a importância de personalizar e adaptar cada contrato à realidade do serviço que será prestado. E dormir em paz.

O importante aqui é saber que: seu escopo é 50% do conteúdo e como um briefing de um cliente para um projeto, você precisa de um processo para "brifar" um advogado.

E é aqui que não podemos subestimar a relevância de contar com uma assessoria jurídica. Muitos podem pensar que, por estarem iniciando no mercado ou por terem um escritório de menor porte, esse é um investimento dispensável. Contudo, é justamente nesse momento inicial que se estabelecem as bases para uma atuação sólida e protegida juridicamente. Uma assessoria jurídica não apenas lhe ajudará a elaborar contratos mais robustos e alinhados com a legislação vigente, mas também poderá orientá-lo em eventuais conflitos, negociações e situações que exijam um embasamento legal.

Não veja a assessoria jurídica como um gasto, mas sim como um investimento que proporcionará segurança e tranquilidade em sua atuação profissional. Ao iniciar seu escritório de arquitetura, esse apoio pode fazer toda a diferença, evitando complicações futuras e assegurando que seus direitos e deveres estejam claramente estabelecidos e resguardados. É bom para você e para o seu cliente. É um passo importante na sua profissionalização.

Esteja sempre amparado por instrumentos legais e, preferencialmente, com a orientação de especialistas na área jurídica. Isso não só garantirá sua proteção como também refletirá o comprometimento e profissionalismo com que conduz seus negócios.

Estamos quase terminando a parte relacionada à execução, mas aqui, o fim será o começo. Nem respire para começar o próximo capítulo, porque ele trata de um dos grandes lapsos de muitos arquitetos experientes: a falta de um bom *briefing*...

5.4 Conduzindo um *briefing* eficaz: o início da sinfonia

A orquestra se ajeita, os instrumentos são afinados, e o maestro se posiciona. A abertura de uma sinfonia, repleta de promessas e expectativas, começa com a primeira nota que ressoa no ambiente, criando uma conexão imediata com a audiência. No mundo da arquitetura, essa primeira nota é o *briefing*. Assim como a abertura de uma sinfonia, o *briefing* bem conduzido dá o tom, estabelece a direção e, mais do que isso, cria uma sintonia entre arquiteto e cliente.

5.4.1 Entendendo o valor de um *briefing*

Muitos profissionais podem pensar que o *briefing* é apenas uma conversa informal para captar as ideias do cliente. Mas não se engane: é o momento de mergulhar profundamente nas necessidades, desejos e expectativas do cliente. Ele é a fundação de um projeto bem-sucedido. Ao entendermos completamente o que o cliente espera, podemos navegar no processo criativo com um mapa claro em mãos.

E sabe o que aprendi ouvindo os problemas de vocês?

> **O briefing deveria ser o passo mais longo. E me surpreendo em saber que ele é substituído por aquela reunião número um, onde profissional e futuro cliente se conhecessem. O cliente precisa ser estimulado e conduzido a informar tudo o que é necessário para o seu trabalho. E até mais do que isso: ele precisa de tempo para assimilar e se expressar.**

É claro que todo projeto tem seu prazo. Logo, quando falta "tempo", você pode interpretar isso como a necessidade de algum encontro a mais, mais estímulos ou até mais tempo de qualidade e interação entre vocês.

5.4.2 Estratégias para um *briefing* eficiente

Escute atentamente:

A arte de escutar é uma habilidade que muitos subestimam, mas que possui um valor inestimável na arquitetura. Escutar é muito mais do que simplesmente ouvir as palavras que são ditas; trata-se de compreender a essência da mensagem e de captar as emoções e motivações subjacentes.

Empatia na escuta: coloque-se no lugar do cliente. Ao ouvir suas histórias, preocupações e sonhos, você não só coletará informações técnicas, mas também entenderá suas emoções e o que realmente é importante para ele.

Não interrompa: mesmo que pense ter entendido ou que queira contribuir com uma ideia, evite interromper o cliente. Muitas vezes, é no fluxo contínuo de pensamentos que o cliente revela detalhes cruciais.

Esteja presente: em meio a tantas distrações contemporâneas, estar genuinamente presente durante um *briefing* é essencial. Evite olhar constantemente para o relógio, celular ou qualquer outro dispositivo. O cliente deve sentir que tem toda a sua atenção. E por isso insisto, você é o maestro que deve engajar seus clientes.

Procure por *insights* implícitos: às vezes, o que não é dito é tão importante quanto o que é expresso verbalmente. Preste atenção ao tom de voz, linguagem corporal e hesitações. Estes podem ser indicadores de preocupações ou desejos não verbalizados.

Anote tudo e faça o seu cliente entregar anotações também: não dá pra confiar só na memória de todos com um volume de informações como as vividas nesse momento.

5.4.3 Faça perguntas direcionadas

O questionamento é uma ferramenta poderosa que pode extrair informações cruciais, muitas vezes não reveladas em conversas casuais.

Vá além do superficial: em vez de perguntas genéricas como "qual é o seu estilo preferido?", tente "o que faz você se sentir mais confortável em um espaço?" ou "que tipo de ambiente inspira você?". Essas questões vão além do óbvio e tocam em aspectos emocionais e funcionais.

O poder do "porquê?": quando o cliente expressar um desejo ou necessidade, investigue a razão por trás. Por exemplo, se o cliente menciona querer uma grande janela na sala, pergunte: "por que isso é importante para você?". Talvez a resposta revele uma paixão por vistas panorâmicas ou um desejo de luz natural constante.

Evite perguntas fechadas: perguntas que podem ser respondidas com um simples "sim" ou "não" limitam a profundidade da conversa. Em vez disso, opte por perguntas abertas que incentivem o cliente a compartilhar mais sobre suas expectativas e visão.

Reformule e confirme: após o cliente responder, ocasionalmente reformule o que foi dito para confirmar a compreensão. Por exemplo, "pelo que entendi, você gostaria de um espaço que promova interações familiares frequentes, correto?". Isso não só garante que você captou a ideia corretamente, mas também reforça ao cliente que você está verdadeiramente engajado na conversa.

Decisores: tenha certeza de que está falando com eles.

5.4.4 Anote tudo

A memória humana é falível, e os detalhes de uma conversa, por mais vívidos que sejam no momento, podem desvanecer-se com o tempo. Além disso, o processo de anotar não é apenas um meio de retenção, mas também uma forma de processar a informação recebida.

Evite apenas o *briefing* verbal: isso já provocou muito mal-entendido e prejuízo para os criativos.

Ferramentas à mão: tenha sempre consigo um bloco de notas, uma caneta ou até mesmo ferramentas digitais prontas para registrar os *insights*. Algumas pessoas preferem a escrita manual, pois acreditam que ela ajuda na retenção e no processo criativo, enquanto outras se beneficiam das vantagens digitais, como a capacidade de compartilhar e editar rapidamente.

Esboços rápidos: às vezes, uma imagem vale mais que mil palavras. Ao discutir conceitos espaciais, um esboço rápido pode ser uma forma eficiente de capturar uma ideia. Não se preocupe com a perfeição; a chave aqui é a clareza.

Listas de prioridades: ao registrar os desejos e necessidades do cliente, crie listas de prioridades. Isso ajuda a diferenciar entre o que é essencial e o que é desejável, facilitando a tomada de decisões mais tarde.

Revisite regularmente: suas notas não devem ser relegadas a um canto para coletar poeira. Revisite-as regularmente ao longo do projeto, garantindo que as diretrizes iniciais estejam sendo seguidas.

5.4.5 Confirme a compreensão

A clareza é fundamental em qualquer projeto, e garantir que ambas as partes saiam de um *briefing* com a mesma compreensão evita mal-entendidos e retrabalhos no futuro.

Resumo final: ao final da reunião, reserve um tempo para revisar os pontos discutidos. Isso oferece ao cliente a oportunidade de corrigir ou adicionar qualquer detalhe que possa ter sido negligenciado.

Solicite *feedback*: peça ao cliente que também recapitule o que entendeu. Isso lhe dará uma perspectiva sobre o que realmente ressoou com ele e o que pode precisar de mais esclarecimento.

Reafirme os objetivos: voltando aos objetivos principais, reafirme-os para garantir que estão alinhados com a visão do cliente. Este é um passo crucial para estabelecer a direção certa para o projeto.

Documente tudo: após a reunião, prepare um documento formal que detalhe tudo o que foi discutido e acordado. Este documento pode ser compartilhado e revisado por ambas as partes, servindo como uma referência clara à medida que o projeto avança.

5.4.6 Crie um ambiente confortável

O ambiente em que o *briefing* acontece pode influenciar profundamente a qualidade e a profundidade das informações compartilhadas. Uma atmosfera positiva e receptiva encoraja a comunicação aberta e a troca genuína de ideias.

Espaço físico: opte por uma sala bem iluminada, possivelmente com luz natural, que promova o relaxamento e a concentração. Evite espaços barulhentos ou com muitas distrações. Mobiliário confortável, plantas e elementos de design que transmitam serenidade podem ser considerados.

Preparação prévia: antes da reunião, garanta que todos os materiais e ferramentas necessários estejam à mão, evitando interrupções desnecessárias que quebrem o fluxo da conversa.

Privacidade: assegure ao cliente que a conversa é confidencial. A confiança é mais facilmente estabelecida quando as partes envolvidas sabem que suas informações e sentimentos são tratados com respeito e discrição.

Tempo adequado: não apresse o *briefing*. Reserve um tempo adequado para que todas as questões sejam abordadas sem a sensação de pressão.

5.4.7 Conheça o contexto

Ter um entendimento completo do mundo do cliente é crucial para criar soluções de design que sejam verdadeiramente relevantes e significativas.

Pesquisa prévia: antes mesmo da reunião, faça sua lição de casa. Investigue sobre o cliente, sua indústria, concorrentes e tendências atuais. Isso demonstra profissionalismo e preparação.

Entendendo o propósito: saiba o "porquê" do projeto. Se é um espaço comercial, qual é o foco do negócio? Se é uma residência, quem são os moradores e quais seus estilos de vida? Se o projeto é para investimento entenda que será um projeto atípico de um residencial para morar. Estas questões oferecem *insights* valiosos.

Histórico do cliente: entenda os projetos anteriores do cliente, suas experiências passadas (boas ou ruins) com outros profissionais e os resultados obtidos. Isso pode ajudar a antecipar expectativas e possíveis preocupações.

Visão e missão: se o cliente for uma empresa ou organização, familiarize-se com sua visão e missão. Isso pode fornecer uma direção clara para o projeto e ajudar a alinhar seus esforços com os objetivos gerais do cliente.

Não se esqueça: todo *briefing* tem prazo e orçamento. Se está faltando isso, não é um *briefing*.

5.4.8 A harmonia entre expectativas e realização

Um *briefing* bem conduzido não garante apenas que o projeto estará alinhado com as expectativas do cliente, mas também cria um laço de confiança entre o profissional e o cliente. Assim como em uma sinfonia, onde cada nota é essencial para a harmonia da peça, cada detalhe do *briefing* é vital para a concretização do projeto.

Ambos são responsáveis. Porém, de novo, você é o maestro. Conduza seus clientes.

Finalmente, assim como um maestro que guia sua orquestra, o arquiteto guia o projeto. E o *briefing*, esse precioso início, é a partitura que nos mostra o caminho.

Atenção: se o cliente não estiver disponível, engajado ou disposto a se doar nesta etapa, este é um indício de que, provavelmente, você terá um projeto problemático na sequência. Cuidado!

Lembre-se: refazer o que saiu errado sai mais caro!

5.4.9 Dinheiro: "o vilão"

> "Dinheiro e paixão são como água e comida. Você precisa dos dois para sobreviver. Mas, assim como a água não é o único alimento que precisamos, o dinheiro não é o único combustível para a nossa felicidade. A paixão é o que nos move, o que nos dá sentido e propósito. É o que nos faz acordar todos os dias com vontade de viver." (ROSS e LEMKI, 2021)

Deixei para o final aquilo que, em cada dez consultorias, aparece como problema dez vezes e é quase que o mais difícil de reverter, em termos de mentalidade dos profissionais.

Quando se inicia um projeto, seja ele a realização de um sonho como a casa própria ou um grande investimento financeiro, é crucial abordar todas as questões relevantes, incluindo as expectativas do cliente e os aspectos práticos da execução, que muitas vezes dependem de mais de um profissional. Dentro deste contexto, um ponto crítico e frequentemente delicado é a questão financeira. No Brasil, existe uma crença enraizada de que falar sobre dinheiro durante a criação de um projeto é complicado, o que representa uma grande dificuldade para muitos profissionais.

Porém, é essencial discutir o orçamento desde o início. Criar um projeto sem ter clareza sobre o investimento disponível do cliente é impraticável. Ter uma compreensão do valor médio do metro quadrado em projetos anteriores, conversar com fornecedores e, principalmente, fazer com que o cliente se comprometa com o valor assumido são etapas fundamentais. Ignorar esses aspectos pode levar a experiências negativas, como projetos que não atendem todo o potencial possível simplesmente porque o cliente ocultou ou subestimou o valor que estava disposto a investir.

Falar sobre dinheiro é, portanto, uma necessidade, e não apenas uma formalidade. Não adianta elaborar um projeto dos sonhos sem um orçamento realista, pois isso resulta em ilusões e frustrações. Para o designer, entender e integrar a questão financeira no processo criativo é um passo vital para assegurar que o projeto não apenas atenda às expectativas criativas, mas também seja viável economicamente. Isso evita surpresas desagradáveis e garante que o valor investido venha a refletir diretamente na qualidade e na satisfação final do projeto.

Concluindo nossa jornada pelo universo do gerenciamento de obras, abordamos as nuances, os desafios e as melhores práticas para garantir projetos bem-sucedidos. Você foi equipado com as ferramentas necessárias para enfrentar os obstáculos inerentes a esta etapa da profissão. Porém, uma vez dominado este campo, surge um novo horizonte a ser explorado: a expansão e o crescimento. Em nossa próxima etapa, a "PARTE VI: Expansão: o Desafio do Crescimento", vamos mergulhar na arte e na ciência de levar seu negócio a novos patamares, explorando estratégias, considerações e os desafios únicos que acompanham a escalada de sucesso no mundo da arquitetura e do design. Prepare-se, porque o céu é o limite!

PARTE VI:
Expansão: o Desafio do Crescimento

6.1 A arte de gerenciar e expandir a equipe

A expansão de uma equipe é um dos marcos mais significativos na trajetória de um escritório de arquitetura ou de projetos em geral. É um sinal evidente de sucesso, mas, ao mesmo tempo, traz consigo desafios e aprendizados. Para muitos arquitetos, gerenciar uma equipe vai além dos projetos e desenhos; é sobre liderança, visão e alinhamento e representa uma das maiores vantagens competitivas dos líderes e uma deficiência de quem ainda não entendeu como isso funciona. Dentro da consultoria e dos programas de formação, este é um objetivo com o qual trabalho recorrentemente.

E percebi um padrão: o crescimento do negócio frequentemente faz os profissionais se sentirem em um terreno desconhecido. Afinal, muitos foram treinados para projetar, não necessariamente para gerenciar pessoas, o que acaba sendo quase que um dos maiores mitos, gerando muita resistência por parte dos profissionais. E basta uma experiência ruim para o pessimismo chegar. E não pode ser assim. Acompanhe...

A questão chave não está apenas em contratar mais profissionais, mas em identificar quais indivíduos trarão valor agregado para a equipe. E isso vai muito além das habilidades técnicas. Uma escolha bem-feita no recrutamento pode impulsionar a cultura do escritório e criar um ambiente onde a criatividade floresça. Em contrapartida, uma escolha precipitada pode resultar em conflitos, retrabalhos e, em última instância, insatisfação do cliente. Falaremos disso num capítulo específico.

6.1.1 Expansão

No universo de arquitetos e designers, há uma tendência comum de se pensar "se faço eu mesmo, faço melhor". Porém, na prática, essa mentalidade pode ser contraproducente, especialmente em escritórios que carecem de processos estruturados.

Quando não se estabelece processos firmes, nem se mantém uma comunicação clara com os clientes, isso se reflete no trabalho da equipe. A falta de clareza e firmeza por parte do líder dificulta a transmissão de orientações claras aos colaboradores, criando um ambiente de trabalho desorganizado.

É notório que há menos pessoas dispostas a trabalhar no setor e a dificuldade de encontrar colaboradores engajados é real. Contudo, uma das vantagens competitivas observadas em arquitetos de sucesso é a capacidade de inspirar e harmonizar a equipe.

Essa habilidade de fazer o "olho brilhar" é um diferencial significativo.

É importante lembrar que um colaborador não é uma extensão do líder; se fosse, ele teria seu próprio escritório.

O que quero dizer com isso é que, dentro da consultoria, ouço queixas dos arquitetos empreendedores em relação aos colaboradores com uma comparação: "ah, quando eu era estagiária, eu fazia assim, ou eu fazia tudo". Evite esta comparação, ou nunca algo será suficientemente bom e você será um profissional sempre esgotado e operacional para sempre.

O segredo está em identificar as forças e o melhor desempenho de cada profissional e maximizar seu potencial.

Estabelecer processos eficientes para acolher e orientar novos membros é fundamental. Delegar tarefas não significa abandoná-las, mas gerenciá-las de forma eficaz, garantindo que cada membro da equipe contribua positivamente. Muitas vezes, é necessário revisitar e reformular processos para adaptá-los a uma equipe que funcione de maneira transformadora.

Portanto, mesmo em pequenas equipes, a colaboração é essencial. Imaginar que se possa fazer tudo sozinho é um mito que impede o crescimento profissional e limita a produtividade. A chave para o sucesso em arquitetura e design reside na capacidade de construir e liderar uma equipe eficaz, aproveitando ao máximo o talento de cada colaborador.

A decisão de expandir uma equipe é um marco monumental para qualquer escritório, sinalizando evolução e aspiração a maiores horizontes. No entanto, não é uma escolha que deva ser tomada impulsiva ou meramente baseada no entusiasmo do momento. Há critérios tangíveis e intangíveis que precisam ser meticulosamente avaliados. Antes de mergulhar na emocionante jornada de adicionar mais talentos ao seu time, é crucial entender e ponderar sobre esses critérios. Vamos explorá-los?

6.1.2 Critérios para expansão da equipe

Demandas crescentes e consistentes: o mais evidente critério para expandir a equipe é uma demanda de trabalho que supera a capacidade atual. Isso pode ser identificado por prazos consistentemente atrasados, sobrecarga de trabalho ou aumento constante na carteira de clientes, questões de lucratividade e marketing que funcionou.

Especialização necessária: à medida que o escritório cresce, pode surgir a necessidade de especialização em áreas específicas, como design sustentável, modelagem 3D ou gestão de projetos. Nesses casos, a contratação de profissionais especializados pode elevar o padrão dos serviços oferecidos.

Inovação e criatividade: um novo talento pode trazer uma perspectiva fresca e inovadora ao escritório. Se perceber que os projetos estão ficando repetitivos ou que há falta de ideias novas, talvez seja o momento de infundir alguma nova energia criativa na equipe.

Retenção de talentos: a expansão também pode ser uma estratégia para reter talentos. Se profissionais valiosos estão assumindo muitas responsabilidades ou não encontram oportunidades de crescimento, contratar novos membros pode aliviar a carga e oferecer novas possibilidades de liderança e desenvolvimento.

Viabilidade financeira: expandir a equipe só deve ser considerado se o escritório tiver uma saúde financeira estável. Isso inclui não apenas os salários, mas também benefícios, treinamento, espaço de trabalho e outros recursos necessários para integrar novos membros. Se você vende com preços e processos errados, deve pensar mil vezes antes de ampliar a equipe e, com isso, potencializar problemas.

6.1.3 Momentum

Determinar o momento certo para expandir a equipe é uma arte que combina intuição com análise estratégica. Não se trata apenas de perceber que a demanda está crescendo, mas de alinhar essa expansão com a visão, missão e capacidade financeira do escritório. É um equilíbrio entre responder às necessidades imediatas e planejar para o futuro. Assim como na arquitetura, onde cada detalhe tem seu tempo e lugar, identificar o momento propício para acolher novos membros em seu time é fundamental para garantir que a estrutura do escritório não só se mantenha firme, mas também floresça. Vamos refletir sobre os sinais e situações que apontam para essa decisiva etapa?

6.1.4 Quando é o melhor momento para expandir a equipe?

Fluxo de caixa positivo: antes de pensar em contratar, é crucial que o fluxo de caixa do escritório esteja saudável. Ter uma reserva financeira que possa cobrir os custos adicionais, especialmente nos primeiros meses, é fundamental. Lembre-se que ao crescer a equipe, crescem despesas como softwares, computadores e outros, além de aumentar consideravelmente seu risco de futuros passivos trabalhistas.

Projeção de crescimento sustentável: ocasionalmente, o escritório pode enfrentar picos de demanda, mas é vital distinguir entre um aumento temporário e um crescimento sustentável. Analise as tendências ao longo de vários meses ou até anos antes de tomar uma decisão.

Estrutura de suporte estabelecida: antes de adicionar mais membros à equipe, certifique-se de que há uma estrutura sólida em vigor. Isso significa ter sistemas de integração, treinamento e mentoria preparados para acolher e orientar os novatos, organização e estratégia mercadológica.

Espaço físico adequado: se o escritório físico já está no limite de sua capacidade, é necessário considerar se há espaço para mais um membro. Às vezes, o crescimento da equipe pode coincidir com a mudança para um escritório maior ou a reorganização do espaço existente.

***Feedback* da equipe atual**: ouvir os membros atuais da equipe é crucial. Eles podem oferecer *insights* sobre a necessidade de novas contratações, áreas que precisam de mais apoio e, como a dinâmica do escritório pode mudar com novas adições.

Expansão é um sinal claro de progresso, mas, como qualquer etapa de crescimento, vem com seu conjunto próprio de desafios. Com uma avaliação cuidadosa e planejamento, o crescimento da equipe pode ser uma transição suave que eleva a capacidade e o perfil do escritório a novos patamares.

Muitos arquitetos com quem conversei mencionaram a importância de alinhar valores desde o início. Um escritório que valoriza a sustentabilidade, por exemplo, se beneficiará de profissionais que compartilhem dessa visão. Mas, como destacar esse alinhamento? Treinamentos, integração e momentos de troca são fundamentais para garantir que todos estejam na mesma página.

Conforme o escritório cresce, a comunicação se torna ainda mais crucial. Com uma equipe maior, a possibilidade de ruídos e mal-entendidos também aumenta. Por isso, investir em ferramentas e práticas de comunicação claras e eficientes é essencial.

Além disso, é imprescindível que os líderes do escritório se mantenham presentes. Mesmo em meio ao crescimento, é vital que a cultura e a qualidade do trabalho não se percam. Uma liderança forte e participativa garante que os valores do escritório sejam mantidos e que cada novo membro se sinta parte integrante desse ambiente.

Expandir a equipe é uma jornada repleta de desafios, mas também de recompensas. Com a estratégia certa, é possível não apenas crescer em número, mas também em inovação, qualidade e satisfação do cliente. E é nesse equilíbrio entre crescimento e manutenção da essência que os escritórios mais bem-sucedidos se destacam.

6.2 Recrutamento: o desafio da escolha

Recrutar é uma das fases mais empolgantes e desafiadoras na trajetória de um escritório. Quando adicionamos novos membros à equipe, estamos buscando alguém que compartilhe nossa visão, valores e adicione um diferencial.

6.2.1 Definindo o perfil ideal

Antes de mais nada, é crucial saber o que se procura. Além das habilidades técnicas, é vital entender a cultura do escritório e o tipo de mentalidade desejada. A equipe, como uma orquestra, precisa da diversidade e complementaridade para alcançar seu máximo potencial. Portanto, analise sua equipe atual e identifique o que falta. Evite a homogeneidade, pois a diversidade de pensamento enriquece o processo criativo. Ao definir o perfil, pense no futuro do escritório e nas características que deseja potencializar.

6.2.2 A dinâmica da primeira impressão: olhando além do currículo

Currículos são apenas o início. A verdadeira essência do candidato, muitas vezes, está além de uma folha A4. Entrevistas pessoais e testes práticos são cruciais, permitindo uma avaliação mais aprofundada. Técnica, talento e experiência muitas vezes estão dissociados da questão comportamental e da postura de trabalho que você espera de um colaborador. Além disso, o processo de recrutamento é uma via de mão dupla: enquanto o escritório avalia o candidato, ele também está avaliando o ambiente e a cultura propostos.

6.2.3 O valor do investimento no recrutamento

Recrutar é um investimento que vai além do salário. Envolve ferramentas de avaliação, promoção da vaga, treinamentos e integração do novo membro. Um processo bem estruturado não só otimiza recursos, mas também atrai candidatos alinhados à visão do escritório. E lembre-se, o recrutamento não termina com a contratação; é um ciclo contínuo que reflete na qualidade da equipe e nos resultados. Não vale apenas colocar aquele anúncio da sua página da rede social: é preciso ir além.

6.2.4 A arte de reconhecer talentos internos

Antes de buscar talentos externos, considere a possibilidade de já ter o talento ideal dentro do escritório. Compreender a dinâmica interna pode revelar potenciais não explorados. Além disso, promover internamente fortalece a cultura e engajamento, mostrando que o escritório valoriza seus colaboradores e oferece oportunidades de crescimento.

Recrutar é sobre moldar o futuro, trazer novas perspectivas e fortalecer a equipe. Portanto, seja criterioso, mas também aberto a novas ideias e abordagens. A cada recrutamento, aprenda e ajuste, buscando sempre enriquecer seu escritório e equipe.

A arquitetura, como profissão, é um mosaico complexo de habilidades, visões e sensibilidades. Para os escritórios que buscam estar à frente, a qualidade do recrutamento é um fator determinante. Cada novo membro que entra para a equipe não é apenas um colaborador, mas uma peça fundamental na evolução e crescimento do estúdio. A capacidade de identificar, atrair e integrar talentos é um reflexo direto da saúde e prosperidade de um escritório. Como consultora, testemunhei inúmeras vezes o impacto transformador que uma contratação bem-sucedida pode ter, tanto em termos de projetos quanto na dinâmica interna.

Entender que o recrutamento é um investimento na identidade e cultura de um escritório é fundamental. Não se trata apenas de habilidades técnicas, mas do alinhamento de valores, paixão e propósito. Escritórios de arquitetura, como quaisquer outras organizações, prosperam quando há harmonia e equilíbrio entre seus membros. Assim, a tarefa de recrutamento torna-se uma arte sutil, onde a intuição, a análise e a visão de futuro se entrelaçam para criar uma equipe coesa e pronta para enfrentar os desafios que se apresentam.

Nos últimos anos, o número de profissionais no mercado, falando apenas sobre arquitetos, quase dobrou. Agora imagine a quantidade de novos negócios criados, somando-se aos escritórios de design de interiores... O resultado? O jogo mudou. Tem menos pessoas para trabalhar e esta falta já é pauta recorrente e uma dor grande dos empreendedores. Por isso, você também precisa de uma ótima gestão e marketing para criar uma reputação no mercado e atrair talentos!

Para encerrar, é essencial que os escritórios vejam o recrutamento como um processo contínuo de aprendizado e adaptação. Assim como a arquitetura é uma disciplina em constante evolução, o processo de recrutar também deve ser. Os melhores profissionais não são apenas os mais habilidosos, mas aqueles que trazem consigo uma vontade insaciável de crescer, aprender e contribuir. E é nesse espírito de colaboração, inovação e busca pelo aprimoramento que os escritórios podem realmente se destacar e deixar sua marca no mundo.

6.3 Criando uma cultura de sucesso: a alma do escritório

Sabe aquele clima gostoso que você sente ao entrar em alguns escritórios? Onde a energia flui e todos parecem trabalhar em harmonia? Isso, meus queridos, é o que chamamos de cultura de escritório, e é sobre isso que vamos falar.

6.3.1 Por que a cultura é tão "tudo isso"?

A cultura de um escritório é mais do que um mural bonito na entrada ou o casual *friday* que todos esperam. Ela é o que faz com que as pessoas queiram trabalhar lá e, mais importante, queiram ficar. É a essência que faz os clientes sentirem confiança e a equipe sentir que pertence àquele lugar. Em termos de mercado, escritórios com culturas fortes atraem mais talentos e têm uma retenção de equipe muito maior. E adivinhe? Clientes amam estabilidade!

6.3.2 Dando os primeiros passos

Já parou para pensar que as coisas grandiosas começam pequenininhas? Aquele arranha-céu magnífico começa com um simples tijolo. Com a cultura do seu escritório, a lógica é bem parecida. Não é um grande evento, uma festa imponente ou uma declaração pomposa que definem a atmosfera do lugar. Ah, não mesmo!

A verdadeira cultura começa a ser construída com pequenas ações diárias, aquelas que muitas vezes passam despercebidas. Cada decisão tomada, cada *feedback* fornecido, cada risada compartilhada na sala de reuniões e até o jeito como os desafios são enfrentados —isso tudo vai, tijolinho por tijolinho, construindo a essência do escritório.

Pense nos *feedbacks*, por exemplo. Eles podem ser momentos tensos, mas são fundamentais. Um *feedback* dado de forma construtiva e empática não apenas ajuda o profissional a crescer, mas também mostra que, no seu escritório, as pessoas são vistas e valorizadas. A maneira como eles são conduzidos, a frequência e a sinceridade por trás deles, contam muitos pontos na construção dessa cultura.

E sobre celebrar? Celebrar é preciso! Não estou falando de fechar o escritório para uma festa a cada contrato assinado — até porque seria maravilhoso, mas não tão prático, certo? —, mas reconhecer as pequenas vitórias. Pode ser um elogio em frente à equipe, um cartãozinho na mesa do colaborador ou até uma mensagem no grupo do escritório. Esses gestos mostram que cada esforço, por menor que seja, é notado e apreciado.

No fim das contas, o que realmente faz a diferença é a intenção por trás de cada ação. Cada gesto, cada palavra, cada decisão, são oportunidades de cultivar e nutrir uma cultura forte e positiva. E acredite, essa construção diária, feita com carinho e atenção, é o que transforma um simples escritório em um lugar onde todos querem estar e dar o seu melhor. Então, de tijolinho em tijolinho, que tal começarmos essa obra?

6.3.3 Papo vai, papo vem...

Se tem uma coisa que aprendi em todos esses anos como consultora, é que a cultura de um escritório não é algo que você compra pronto numa prateleira e simplesmente coloca no lugar. Ah, se fosse tão fácil! E, olha, vou te contar um segredo: ela também não é definida só pelo chefe e depois jogada no colo de todos, como se fosse uma receita de bolo!

A verdadeira cultura de um ambiente de trabalho nasce do diálogo. Daquelas conversas sinceras, onde a equipe tem espaço para falar e, mais importante, é ouvida. Já pensou em fazer pesquisas internas? Não aquelas super formais e engessadas, mas um papo reto mesmo, perguntando o que o pessoal acha, o que sente falta, o que acredita que poderia mudar. Você pode se surpreender com as ideias incríveis que vão surgir.

E as rodas de conversa? Elas são ouro! Um momento em que todos se reúnem, sem hierarquias, para debater, sugerir, criticar construtivamente e sonhar juntos. Aqui, a dica é: deixe o ego na porta. Todos têm algo valioso a contribuir e o papel da liderança é, muitas vezes, só de mediador, guiando a conversa de forma produtiva.

Mas, para que tudo isso dê certo, é fundamental estar aberto a *feedbacks*. E, olha, nem sempre é fácil ouvir. Por vezes, alguns apontamentos podem doer um pouquinho ou nos tirar da zona de conforto. No entanto, são esses *feedbacks* que nos ajudam a crescer e a moldar uma cultura verdadeiramente coesa e significativa.

Então, a cultura do seu escritório é como uma obra de arte coletiva. Cada pincelada, cada ideia, cada voz, vai dando forma a esse quadro. E o mais bonito? Todos têm a oportunidade de serem artistas e cocriadores dessa grande *masterpiece*.

6.3.4 Retendo talentos com charme... e cultura

Sabe aquele ditado: "as pessoas não deixam empresas, deixam gestores"? Pois é, eu já ouvi essa frase um milhão de vezes, e cada vez que ouço, penso em como ela é real. Mas vou acrescentar uma pitadinha nesse tempero: as pessoas também saem correndo de culturas tóxicas. E não tem charme ou salário que segure alguém em um ambiente que não lhe faz bem.

Agora, imagine o contrário. Imagine um local onde a cultura é vibrante, alinhada com valores que realmente ressoam com os colaboradores. É como se o escritório exalasse um perfume, uma fragrância de pertencimento. E adivinha só? Esse aroma é um ímã para talentos! Eles vêm, ficam, crescem e, o melhor de tudo, não querem ir embora.

Não é só sobre ter um espaço bonito ou umas plantinhas no escritório. É sobre como as pessoas se sentem lá dentro. É sobre ser ouvido, é sobre ser respeitado, é sobre ser valorizado. Quando um colaborador percebe que sua opinião conta, que ele faz parte de algo maior e que suas contribuições são reconhecidas, por que ele iria querer sair?

E não se engane, as pessoas são super perceptivas. Elas sabem identificar quando a cultura é genuína e quando é só fachada. A jogada de mestre aqui é criar uma cultura tão apaixonante que a própria equipe vai querer defendê-la, viver por ela e ajudar a aprimorá-la.

Uma cultura forte não só retém talentos, mas também atrai. As pessoas vão começar a falar: "você viu aquele escritório? Parece ser incrível trabalhar lá!". E, de repente, você vai ter um exército de profissionais talentosos querendo bater à sua porta. E tudo isso porque você investiu no charme mais irresistível de todos: uma cultura cativante. Quem diria, hein?

6.3.5 Evoluir sem perder a essência

A evolução é inevitável. O mercado muda, as necessidades dos clientes se transformam, a tecnologia avança. Mas também temos gerações novas chegando ao mercado de trabalho, com expectativas e visões diferentes. E, no meio de tudo isso, surge a pergunta: como permanecer relevante sem perder aquilo que nos torna únicos?

6.3.6 A resposta é: estar sempre pronto para mudar

Mudar não é sobre abandonar o que você acredita. É sobre adaptar-se. Pense comigo: se um navio não ajusta suas velas com base na direção do vento, ele pode ficar à deriva, certo? Mas ajustar as velas não significa mudar o destino. É apenas garantir que ele chegue lá da melhor forma.

Por isso, olhe ao redor. Talvez a equipe esteja precisando daquele curso on-line sobre a nova tendência do mercado. E não vamos nem começar a falar sobre flexibilizar horários — algo que tem se mostrado não só uma tendência, mas uma necessidade. Mas saiba distinguir: não é sobre seguir todas as tendências cegamente, é sobre perceber o que realmente faz sentido para o seu negócio.

É preciso equilibrar a evolução com a manutenção da essência do escritório, da marca, do time. Aquilo que faz você ser... bem, você! E acredite, não há nada mais atraente no mercado do que um profissional que sabe onde quer chegar, mas que também valoriza de onde veio e o que o torna especial. Então, com um pé no passado e outro no futuro, vamos juntos nessa dança de evoluir mantendo a nossa essência? Eu garanto que a viagem vale a pena!

Cultura não é algo que se compra pronto e se coloca numa estante. É vivo, é dinâmico. E precisa ser alimentado diariamente. Se você, assim como eu, acredita que o sucesso está nas pessoas e nas relações que construímos, então você sabe: investir na cultura do escritório é investir no futuro. E não tem nada mais gratificante do que olhar para trás e ver um time unido, crescendo junto, construindo algo incrível.

Cultura é a alma do escritório, do seu negócio. Cuide bem dela!

6.4 Histórias inspiradoras: lições da realidade

Ao longo da minha jornada na consultoria, sempre destaquei a importância da expansão e de uma cultura organizacional forte. Acreditem, vi escritórios se transformarem diante dos meus olhos quando se alinham a esses conceitos. E, não é apenas uma questão de teoria. Tenho alguns relatos de clientes que ilustram exatamente o que quero dizer.

6.4.1 A relação direta entre crescimento pessoal e expansão empresarial

Um cliente compartilhou comigo uma reflexão que ecoou profundamente em muitos dos ensinamentos que transmiti ao longo dos anos:

> *"Inicialmente, estávamos meio hesitantes em relação a fazer esse investimento. Parecia que todo mundo que entendia um pouco do assunto estava ensinando sobre isso. No entanto, após analisar a expertise e os resultados anteriores, resolvemos confiar."*

> *"Os conhecimentos que adquirimos não apenas se pagaram rapidamente, mas o impacto foi sentido imediatamente. Em menos de seis meses em 2022, conseguimos alcançar o mesmo faturamento de todo o ano de 2021, mas com uma diferença: trabalhando muito menos."*

Estes relatos ilustram uma verdade fundamental: para que uma empresa cresça, o indivíduo, seja ele gestor, líder ou proprietário, também deve crescer. Mas, por que isso é tão crucial?

Visão ampliada: quando você investe em seu crescimento, expande sua visão de mundo, o que, por sua vez, permite identificar oportunidades de mercado previamente ignoradas. O aprendizado constante abre horizontes e facilita a tomada de decisões mais informadas e estratégicas.

Adaptabilidade: o mercado está em constante evolução. Profissionais que buscam crescimento contínuo tendem a ser mais adaptáveis às mudanças e, consequentemente, mais aptos a inovar e reinventar seus negócios.

Maior capacidade de lidar com desafios: crescer pessoal e profissionalmente significa acumular uma série de habilidades e competências. Com isso, os desafios tornam-se menos intimidantes, e as soluções mais acessíveis.

Melhoria na tomada de decisões: um profissional bem-preparado, que investiu em si, tem uma base sólida para tomar decisões. Ele consegue analisar situações sob diferentes perspectivas e, assim, escolher os caminhos mais alinhados aos objetivos de seu escritório.

O crescimento do negócio é diretamente proporcional ao crescimento do indivíduo. As empresas são, afinal, um reflexo de suas lideranças. Por isso, se você quer ver mudanças significativas em sua empresa, comece investindo em você. E, como o relato do meu cliente demonstrou, esse investimento pode ter retornos impressionantes, em termos não apenas financeiros, mas também de qualidade de vida e satisfação profissional.

Outro profissional compartilhou uma experiência pessoal comigo:

> *"Passei recentemente por um desafio de saúde. Se não tivesse adotado as estratégias e a organização que desenvolvemos juntos, meu escritório teria sofrido com minha ausência. Não apenas sobrevivi a esse período graças ao que aprendi, como senti que todo o meu investimento foi extremamente bem utilizado. Conseguimos nos posicionar de forma mais assertiva no mercado, entender nosso verdadeiro valor e repassar isso aos nossos clientes. O retorno foi quase imediato."*

Este depoimento é uma poderosa lembrança de que a preparação e a estruturação adequada não são apenas essenciais para o crescimento profissional, mas também para a resiliência pessoal. Em tempos de crise, seja ela de saúde ou qualquer outra natureza, a organização e as estratégias corretas podem servir como alicerces que nos mantêm firmes diante das adversidades. O fato de este cliente ter sentido que seu investimento foi bem utilizado ressalta a importância de sempre estarmos alinhados com nossa visão e valores, garantindo que todas as decisões tomadas refletem o que realmente importa.

Conseguir posicionar-se assertivamente no mercado é uma conquista notável por si só. Mas o que realmente se destaca é o reconhecimento do valor intrínseco do escritório e a capacidade de transmitir isso aos clientes. Isso não é apenas uma questão de branding ou marketing, mas uma profunda compreensão de sua identidade e valor no mercado. O "retorno quase imediato" mencionado é a cereja do bolo, evidenciando que, quando agimos em consonância com nossos princípios e com uma estratégia bem definida, os resultados são tangíveis e significativos.

Finalmente, este depoimento é um testemunho do impacto positivo que uma consultoria bem executada pode ter. Não se trata apenas de conselhos e estratégias, mas de equipar os profissionais com ferramentas e *insights* para que eles possam enfrentar desafios inesperados com confiança e determinação. E para mim, enquanto consultora, não há satisfação maior do que saber que pude fazer uma diferença real na trajetória de alguém, especialmente em momentos críticos.

6.4.2 Crescimento sustentado: a importância da estruturação prévia

Vou compartilhar com vocês uma história que me marcou profundamente. Trata-se de um escritório que, assim como muitos outros, buscava a expansão e o crescimento. Eles me contaram:

> *"Antes de conhecer os cursos e a consultoria, estávamos um tanto perdidos sobre como expandir de forma sustentável. Ao aplicar os conhecimentos, vimos um crescimento de mais de 300%. Tivemos clareza não apenas dos números, mas do potencial que ainda podemos explorar."*

Um ponto interessante nesta história que deve servir como um alerta para você: é normal pensarmos que a nossa vida vai melhorar quando algo acontecer e, no caso dos arquitetos e designers, eu ouço muito que será quando tiverem clientes melhores. Neste caso acima, e como tantos outros que atendi, quem mudou e evoluiu foi a arquiteta. Este resultado incrível em apenas um ano foi conquistado tendo os mesmos clientes.

Essa transformação não se deu apenas pelo fato de eles terem conseguido expandir seus negócios, mas pela forma como o fizeram. E isso nos leva a uma questão vital: a importância de estar bem estruturado antes de experimentar um crescimento expressivo em faturamento.

Mas por que isso é tão crucial? Vamos refletir juntos.

Sustentabilidade financeira: um crescimento sem uma base sólida pode levar a desequilíbrios financeiros. Se você cresce rapidamente em vendas, mas não tem uma boa gestão de fluxo de caixa ou controle de despesas, pode acabar em apuros, tendo mais saídas do que entradas de recursos.

Gestão de equipe: o crescimento exponencial pode exigir mais de sua equipe, levando ao esgotamento ou até mesmo à insatisfação se as demandas se tornarem insustentáveis. Sem uma estrutura bem definida, é difícil escalar as operações sem comprometer a qualidade ou a moral da equipe.

Atendimento e satisfação do cliente: aumentar o faturamento é ótimo, mas o que acontece se você não estiver preparado para atender esse fluxo crescente de clientes? A qualidade do serviço pode cair, levando a insatisfações e danos à reputação.

Flexibilidade e adaptação: sem uma estrutura prévia, mudanças necessárias podem se tornar caóticas. Um escritório estruturado é mais apto a se adaptar às mudanças, sejam elas do mercado, internas ou tecnológicas.

Imagine um prédio sendo erguido. Se não houver uma fundação sólida, por mais espetacular que seja o design, ele pode desabar sob seu próprio peso. Da mesma forma, um negócio que cresce sem uma base estruturada corre o risco de se desmoronar diante dos desafios que surgem com a expansão.

Portanto, antes de vislumbrar os altos picos do crescimento, certifique-se de que as bases do seu negócio estejam firmes e sólidas. Esse é o verdadeiro segredo de uma expansão bem-sucedida e duradoura.

Esses relatos são um lembrete contínuo da potência de focar na expansão e na cultura correta. O crescimento não é apenas uma linha ascendente em um gráfico, mas a realização de potenciais e a transformação de vidas. E enquanto encerramos este capítulo, quero que vocês reflitam sobre seus próprios desafios e o potencial que ainda está por vir. Porque, acreditem, o melhor ainda está a caminho.

PARTE VII:
Marketing: a Arte da Sedução

7.1 O significado profundo do marketing

O que vem à sua mente quando pensam em marketing? Muitos profissionais criativos encaram o marketing unicamente como uma forma de "vender", no sentido mais pejorativo da palavra. Porém, quando bem executado, o marketing é mais profundo e sutil do que simplesmente anunciar serviços. Segundo Kotler, marketing é: "criar, comunicar e entregar com valor superior".

Na verdade, marketing de qualidade funciona como um processo refinado de sedução, no sentido de despertar o interesse e atrair clientes ideais. Em vez de tentar convencer as pessoas de que precisam do seu serviço a todo custo, o foco deve estar em despertar o encantamento pelo seu trabalho. E manter isso, claro!

Por meio de conteúdos relevantes, inspiradores e bem-produzidos, você compartilha a sua visão de mundo única como criativo. Dá visibilidade à sua expertise por meio de casos de sucesso, dicas valiosas, *insights* sobre tendências. Assim, vai deixando pistas do talento incrível que tem para oferecer.

É uma construção progressiva de autoridade como especialista, explorando formatos que vão além do tradicional portfólio de projetos. Workshops, palestras, posts nas redes sociais, podcasts, vídeos, e-books: as possibilidades são infinitas quando se trata de atrair seu público.

O importante é envolver esse público com conteúdos que realmente agreguem valor, além de doses generosas do seu carisma. Imagine se você não der argumentos diferenciais suficientes e carregados de clareza, como o cliente saberá quem escolher? Pense que, sem essa diferenciação, fica difícil para ele justificar sua própria escolha. Dê argumentos para que o cliente te escolha!

Agora que você já tem uma mensagem poderosa, é a hora de chegar nas pessoas interessadas.

Outra estratégia poderosa é estar presente nos locais que seu cliente frequenta, porém com sutileza. Ou seja, é pensar intencionalmente sobre os canais de distribuição. Patrocinar eventos do nicho, fazer *collab* em conteúdos relevantes, decorar espaços em locais estratégicos. Assim, as pessoas sentirão sua presença e serão atraídas antes mesmo de saber quem você é.

O foco sempre deve estar em despertar o desejo genuíno pelo seu trabalho, não em marketing intrusivo ou técnicas agressivas de vendas. A pessoa certa, já encantada, virá até você. Portanto, invistam tempo em refletir sobre como atrair seu público ideal. Como se conectar com ele. Como se tornar a única opção para ele. Como despertar a admiração e o interesse antes mesmo de oferecer seus serviços? Como deixar rastros do seu talento pelo caminho?

Essa conexão por afinidade é o núcleo de um marketing com significado muito mais profundo. Vamos mergulhar um pouco nas águas do marketing, mas não da forma que você provavelmente está acostumado. Frequentemente, quando falamos em marketing, muitos pensam em propagandas chamativas, slogans pegajosos e campanhas que muitas vezes soam superficiais. Mas, ao atuar com profissionais da arquitetura e interiores, eu percebi algo: o marketing para esta área possui uma profundidade que vai além do comum.

Imagine por um momento um belo edifício arquitetônico. Agora, pense no que faz você se sentir atraído por ele. Será que é apenas a sua estética? Ou é a combinação de funcionalidade, estética e a emoção que ele evoca? Assim como uma estrutura bem projetada, o marketing para arquitetos e designers deve ser uma composição harmoniosa de elementos que não apenas atraem, mas também encantam.

7.1.1 A sedução do marketing bem-feito

Quando o marketing é executado com maestria, ele se transforma em uma forma de arte. E artes, como sabemos, têm o poder de seduzir. Mas, como assim, seduzir? Bem, estou falando de criar uma conexão emocional, de fazer alguém parar, olhar e realmente sentir algo.

A sedução do marketing não é sobre ser manipulativo, mas sim sobre entender profundamente seu público e o que ele valoriza. É sobre comunicar-se de uma forma que ressoe com as pessoas, mostrando-lhes não apenas o que você faz, mas porque você faz e como isso pode enriquecer suas vidas.

Para profissionais de arquitetura e interiores, essa sedução pode ser particularmente poderosa. Afinal, seu trabalho já é, por natureza, uma expressão de beleza, funcionalidade e emoção. Assim, o marketing torna-se uma extensão dessa expressão, ajudando a narrar sua história e a conectar-se com aqueles que valorizam e procuram seu talento único.

Um erro comum entre empreendedores em geral, que vale para o seu mercado, é pensar que todo mundo pode ser um potencial comprador. Essa abordagem generalista leva a uma comunicação que não atinge efetivamente ninguém. É crucial identificar e focar no seu público-alvo, entender suas necessidades e preferências para estabelecer uma conexão genuína e isso passa por algumas questões:

Como escolher a forma de distribuição e da própria mensagem sem entender para quem? Para quem eu sirvo? Que problema eu consigo resolver? Por que o cliente vai optar pelo meu projeto e não de outro profissional?

Além disso, a marca pessoal ou empresarial nunca deve ser negligenciada. Mesmo quando os projetos estão a todo vapor e parece não haver tempo para mais nada, a marca precisa de atenção constante. Ela não é apenas um logo ou um slogan; é a representação da sua identidade no mercado, dos valores e promessas que você oferece aos clientes.

Muitos profissionais que negligenciam a construção de sua marca acabam enfrentando dificuldades quando mais precisam do marketing — muitas vezes em um momento de crise financeira. Portanto, a construção e manutenção da marca são essenciais, não apenas para a sobrevivência do negócio, mas também para o seu crescimento sustentável. Preparar-se para os imprevistos da vida empresarial, faz parte de estar bem equipada para enfrentar e superar desafios.

O marketing bem-feito antecede o momento do fechamento, da escolha do cliente por você. Antes disso, antes dele pedir sua proposta e até de te conhecer, ele já está te avaliando. E nesta construção, ele começa a formação da percepção de valor. Para que seu real valor não seja visto apenas como um preço ou como algo dispensável, invista.

7.1.2 Ir além da venda

Agora, pode ser tentador pensar no marketing simplesmente como uma ferramenta para vender. No entanto, é fundamental entender que, quando bem-feito, ele é muito mais do que isso. Trata-se de construir relacionamentos, de estabelecer confiança, de compartilhar sua visão e paixão com o mundo.

Para os profissionais de arquitetura e interiores, esse aspecto relacional é essencial. As pessoas não querem apenas um serviço; elas desejam uma experiência, um sonho realizado, um espaço que fale com elas em um nível profundo. E o marketing, quando direcionado com empatia e autenticidade, pode ser a ponte que conecta esse desejo ao que você tenha a oferecer.

Ao pensar em marketing, os encorajo a ver além do óbvio. Veja-o como uma dança, uma forma de sedução que, quando feita com coração e intenção, tem o poder de criar conexões profundas e duradouras. E lembre-se: no mundo da arquitetura e interiores, as pessoas não estão apenas comprando um serviço; elas estão investindo em um sonho. E seu marketing? Bem, ele é o convite para esse sonho.

7.2 Presença on-line e off-line: a magia da conexão

Mergulhando ainda mais no mundo do marketing, encontramos dois universos que, à primeira vista, podem parecer opostos: o on-line e o off-line. No entanto, assim como dois ingredientes distintos podem criar uma receita surpreendente quando combinados, a integração desses dois mundos pode ser uma fórmula mágica para conectar-se com seu público. Marketing também é sobre detalhes e muitos testes. Tenha a mente aberta a estas experiências.

7.2.1 Conectando no mundo digital

Comecemos pelo ambiente on-line. Estamos na era da informação, onde tudo é instantâneo, e a conectividade nunca foi tão alta. Para profissionais da arquitetura e interiores, ter uma presença on-line não é mais um luxo, mas uma necessidade. Seu *website*, seu portfólio digital, sua presença nas redes sociais — tudo isso constrói sua imagem e voz no mundo virtual.

A vantagem do on-line é sua vastidão. Você pode alcançar pessoas de diferentes cidades, países e até continentes. Através de uma postagem bem pensada ou de uma imagem inspiradora de seu trabalho, você tem o poder de atrair um público que, talvez, nunca teria conhecido você de outra forma.

A combinação das duas estratégias é perfeita e se podemos atuar nas duas, por que não? Não há motivo para limitarmos as fontes de captação de clientes e divulgação do trabalho.

7.2.2 A autenticidade do mundo real ampliada

O mundo real é um universo onde cada olhar, cada gesto e cada palavra carregam significados muitas vezes mais profundos do que qualquer texto, imagem ou vídeo que possamos compartilhar on-line. No âmbito da arquitetura e do design, a presença off-line não se trata apenas de estar fisicamente em algum lugar, mas de marcar presença com autenticidade e profundidade.

7.2.3 Táticas de imersão autêntica

Para realmente marcar território no mundo real e aprofundar essa presença off-line, alguns passos podem ser tomados:

Networking ativo: participar de eventos locais, sejam eles grandes conferências ou pequenos encontros de profissionais da área, é essencial. Mas não basta apenas estar lá; é crucial interagir, conversar, ouvir e ser ouvido. Esse networking ativo cria vínculos profundos e pode abrir portas de oportunidades incríveis.

Workshops e palestras: oferecer oficinas e palestras não só posiciona você como um especialista em sua área, mas também proporciona uma oportunidade de conectar-se de forma mais profunda com seu público. É um espaço para compartilhar conhecimento, mas também para escutar e entender as necessidades e desejos do mercado.

Atendimento personalizado: o atendimento personalizado e humano é um diferencial. Sempre que possível, marque reuniões, ofereça visitas a projetos concluídos e esteja disponível para conversar diretamente com seus clientes. Acolha o seu cliente.

Exposições e mostras: mostrar seu trabalho ao vivo, permitindo que as pessoas vejam, toquem e sintam, cria uma conexão imediata. As exposições proporcionam uma experiência multissensorial que destaca a realidade e tangibilidade do seu trabalho.

7.2.4 Valorizando o tátil e o sensível

Quando a digitalização parece estar em toda parte, o mundo real nos lembra da importância do tátil, do sensível. Sentir a textura de um material, ver as nuances de cores ao vivo, ou simplesmente sentir a energia de um espaço são experiências que nenhum ambiente virtual pode replicar por completo.

A autenticidade advém desse contato direto, dessa capacidade de se conectar sem intermediários. Por mais que o digital tenha seu espaço e sua relevância, nunca devemos subestimar o poder e a magia do mundo real.

Por isso, como consultora, insisto na importância de encontrar um equilíbrio entre o on-line e o off-line. E, quando se trata do mundo real, é crucial não apenas estar presente, mas realmente mergulhar e absorver tudo o que ele tem a oferecer. E, acreditem, o retorno desse investimento é imensurável.

7.2.5 A dança entre o digital e o real

Agora, imagine combinar o alcance global do mundo on-line com a profundidade de conexão do mundo off-line. Não é uma questão de escolher um sobre o outro, mas sim de usar ambos de forma harmoniosa. Quando bem orquestrada, essa combinação pode criar uma presença que é simultaneamente vasta e íntima, global e pessoal.

A fusão do on-line com o off-line não é apenas uma tendência, é a nova linguagem da nossa era. E para os profissionais de arquitetura e interiores, essa dança entre o mundo virtual e o concreto é um jogo de mestre, especialmente quando se considera a integração desses dois mundos. Aqui estão algumas ideias adicionais:

Webinars com experiência prática: imagine realizar um webinar sobre as últimas tendências em design de interiores e, ao final, enviar amostras físicas dos materiais discutidos para os participantes. Esta fusão de aprendizado digital com experiência tátil enriquece tremendamente o engajamento do público.

Portfólio digital com visitas agendadas: em seu *website* ou rede social, ao apresentar um projeto concluído, ofereça a opção para que interessados agendem visitas ao local, permitindo que vivenciem pessoalmente o espaço criado.

Promoções *cross-channel*: realize ações que começam no mundo digital e culminam no mundo real. E vice-versa. Uma vez seguimos a seguinte estratégia: fizemos um evento presencial pré abertura da mostra, com elementos do que seria visto e vivido no dia seguinte. Foi excelente!

Histórias que viajam: comece uma história ou apresentação de um projeto nas redes sociais e continue-a em um evento off-line, ou vice-versa.

Isso não só mantém seu público engajado, mas também cria um senso de continuidade entre suas presenças on-line e off-line.

Mesas redondas híbridas: organize mesas redondas onde alguns especialistas estão presentes fisicamente e outros se juntam virtualmente. Isso não apenas amplia a gama de vozes e expertise, mas também demonstra uma integração fluida entre os mundos digital e físico.

***Feedback* integrado**: após reuniões presenciais ou entregas de projetos, utilize plataformas on-line para coletar *feedback*. Isso facilita para os clientes compartilharem suas impressões e para você ajustar e melhorar seus serviços.

Conectar-se com seu público de formas variadas e integradas só reforça sua marca e expertise no mercado. E na intersecção entre o on-line e o off-line, existe uma oportunidade de ouro para criar experiências memoráveis e duradouras. Como consultora, vejo essa integração não como um desafio, mas como uma vasta paisagem de possibilidades à espera de ser explorada.

Perceba que tanto o mundo on-line quanto o off-line têm seus pontos fortes, e o truque está em saber como dançar entre eles. Quando você entende como integrar essas duas dimensões, passa a operar em um nível onde a conexão realmente acontece, e onde sua marca e seu trabalho são vistos, sentidos e, acima de tudo, valorizados.

7.3 SEO e mídias sociais

Como se faz ouvir em meio a tantos gritos e sussurros? A resposta está em entender e aproveitar as ferramentas que o próprio mundo digital nos oferece. E, para profissionais de arquitetura e interiores, as ferramentas de Search Engine Optimization (SEO) e mídias sociais podem ser como varinhas mágicas, se usadas corretamente.

Mas antes de adentrar nesse intrincado território eu preciso alertá-los de que não pretendo cobrir todo o assunto em um capítulo de livro, e nem poderia, mesmo que quisesse, pois seria um livro à parte! Como sei disso? Bem. Dediquei um curso inteiro on-line sobre marketing para arquitetos e profissionais afins e ainda complementava os temas com encontros individuais de mentoria, de tanta coisa para explorar.

Contudo, selecionei o "básico do básico", principalmente para os avessos aos nomes técnicos e processos de SEO, para que entendam que não é tão complicado assim. Aliás, é fascinante e você descobrirá por quê: tem a ver com o crescimento exponencial de seu escritório e de sua marca!

7.3.1 A arte do SEO

Não se engane pelo jargão técnico. O *Search Engine Optimization* (SEO) é, em sua essência, a arte de se tornar visível. Imagine que a internet é uma grande biblioteca. O SEO é a sua forma de garantir que seu livro não apenas esteja na estante certa, mas também tenha uma capa brilhante e chamativa.

Para um arquiteto ou designer:

Palavras-chave específicas: concentre-se em palavras-chave que seus potenciais clientes podem usar para encontrar seus serviços. "Arquitetura para a saúde", "Arquitetura moderna em Brasília" ou "Consultoria de interiores em Belo Horizonte" são exemplos.

Conteúdo de qualidade: garanta que seu site ou blog tenha conteúdo relevante e atualizado. Isso não apenas ajuda no ranking de SEO, mas também estabelece sua autoridade no assunto.

Linkagem interna e externa: ao criar conteúdo, certifique-se de linkar para outras páginas do seu site e, ocasionalmente, para sites externos confiáveis. Isso fortalece a autoridade do seu site perante os mecanismos de busca.

É claro que são áreas muito específicas, e se você tiver acompanhado de um especialista, chegará mais rapidamente aos resultados desejados.

7.3.2 Mídias sociais: o palco global

Em relação às mídias sociais, é aqui que sua voz pode realmente ecoar. É o palco onde seu trabalho pode ser visto, apreciado e compartilhado por uma audiência global.

Consistência é a chave: mantenha uma presença regular, compartilhando projetos, *insights* e até mesmo o processo por trás de seu trabalho.

Interaja: responda aos comentários, participe de discussões e crie um verdadeiro sentido de comunidade em torno de sua marca.

Conteúdo visual: no mundo da arquitetura e do design, uma imagem vale mesmo mais que mil palavras. Use imagens de alta qualidade de seus projetos, e considere usar vídeos para mostrar os bastidores ou dar tours virtuais.

Anúncios estratégicos: com pequenos investimentos em publicidade nas redes sociais, você pode segmentar especificamente seu público-alvo, garantindo que sua mensagem chegue às pessoas certas.

Mensagem: não fale apenas de seus projetos. Fale sobre sensações, dores e desejos de seus clientes. Conte também a sua história e não apenas uma vez! É quase impossível que alguém confie em quem não conhece; mesmo que essa relação seja virtual, falar sobre si leva à proximidade.

A combinação de SEO e mídias sociais, quando bem executada, cria uma sinergia que amplifica sua voz no espaço digital. E não se trata apenas de ser ouvido, mas de ser ouvido pelas pessoas certas, da maneira certa. Lembre-se, o digital é uma extensão de quem você é e do que faz. E, com as ferramentas certas, você pode garantir que essa extensão tenha o impacto que deseja e merece. Como consultora, vejo todos os dias os milagres que uma estratégia digital bem pensada pode realizar. E estou aqui para garantir que você também possa alcançá-los. Mas é preciso olhar para um alvo e lançar a flecha! Esse alvo se chama...

7.3.3 Nicho

Vamos falar sobre um ponto essencial do marketing para profissionais criativos: a definição clara do seu nicho de clientes/área de atuação.

Sim, porque por mais talentoso que você seja, tentar atender a todos os públicos pode se tornar uma armadilha. Ser generalista demais muitas vezes significa não atingir profundidade em nenhum nicho específico e a comunicação fica impossível quando seu critério é: "todo mundo".

Entender onde está a sua paixão e vantagem competitiva, seja por experiência de mercado, formação, paixão pelo assunto ou por contatos e relacionamentos, é crucial. Pense nisso e considere a possibilidade de escolher um nicho de atuação, se você ainda não o fez.

Resumidamente, atuar em um nicho torna as ações mais fáceis, econômicas e mensuráveis. É mais claro diferenciar-se e construir autoridade. Portanto, comece definindo quem é o seu cliente ideal, detalhando características demográficas, estilo de vida, valores, localização e preferências. Quanto mais específico, melhor.

Por exemplo, se seu foco são famílias jovens de classe média alta, nichos podem ser "casais de 30 a 40 anos com filhos pequenos morando em bairros nobres de São Paulo e interessados em designs contemporâneos e sustentabilidade".

Feito isso, foque sua comunicação nesses clientes específicos. Estude seus hábitos e interesses para criar conteúdos realmente relevantes. Envolva-os com uma comunicação segmentada e que demonstre entendimento da realidade deles.

Esteja onde seu nicho está, virtual ou fisicamente. Anuncie em revistas ou sites do segmento. Participe de eventos e ambientes que eles frequentam. Assim, construirá autoridade exatamente entre quem você deseja impactar.

Definir seu nicho permite ser visto como especialista por um grupo específico, em vez de generalista para todos. Isso te dará mais clareza e velocidade nas ações. Além disso, clientes querem o profissional que realmente entende as necessidades e particularidades de seu perfil.

Portanto, invista tempo em analisar teu cliente ideal. Estruture uma comunicação segmentada para atraí-lo magneticamente. Esse é o caminho para ser o "criativo referência" na mente do seu cliente ideal.

7.3.4 Branding

Você se lembra de que já falamos sobre marca nos primeiros capítulos? O assunto tem que voltar, por causa do marketing. *Branding* é um conceito-chave para entender o sucesso das marcas mais valiosas do mundo. Muitas dessas marcas, curiosamente, não possuem estoques enormes, mas se destacam por uma forte construção de identidade.

O processo de *branding* envolve planejar, estruturar, gerir e promover uma marca, indo além da simples criação de um logotipo e uma paleta de cores. É um conjunto de ações que definem e comunicam o propósito de uma marca, englobando tanto a identidade visual quanto aspectos como reputação e valor percebido.

Essa clareza e propósito, transmitidos com consistência e cuidado, são vitais. Não se pode subestimar o poder de uma marca bem construída.

Observamos, nos Estados Unidos, um celeiro de inovação e estudo sobre o tema, como empresas com produtos simples e similares à concorrência conseguindo liderar o mercado graças ao reconhecimento de suas marcas.

É um erro comum pensar que o *branding* é relevante apenas para grandes empresas.

Pelo contrário, para prestadores de serviços de alto valor e pequenos empreendedores, o *branding* é essencial. Ele pode ser o ativo mais valioso de uma organização, diferenciando-a no mercado e assegurando uma posição de liderança, mesmo em nichos com produtos ou serviços semelhantes.

O *branding* bem feito impacta todos os públicos de interesse: mais pessoas com afinidade que querem trabalhar no seu negócio e permanecer por identidade de valores, clientes que não vem outros como opção tamanha identificação.

E as pessoas compram (ou deixam de comprar) pelos benefícios funcionais e psicossociais. Se você tem uma marca comunicando isso você chega mais longe e mais rápido na posição desejada dentro do mercado ideal.

7.4 Desenvolvendo conteúdo relevante: a inspiração em palavras

No cenário digital de hoje, a capacidade de produzir e compartilhar informação é vasta e está ao alcance de todos. Mas, quantos realmente conseguem criar conteúdos que tocam, que inspiram e que se tornam verdadeiramente memoráveis? A resposta reside não apenas na informação que você compartilha, mas na forma como a compartilha. Como arquitetos vocês têm a missão de traduzir visualmente sonhos e conceitos; mas quando se trata de conteúdo, a tradução se dá por meio das palavras, imagens e emoções que vocês evocam.

Tentarei traduzir o que é crucial nesse universo, usando exemplos de profissionais que não são do Brasil, para não ficar em dívida com algum dos meus clientes e amigos, pois eles estão dando show nas redes sociais e claro que temo esquecer de alguém! Visite a página dos citados nesse capítulo para ver como a teoria se aplica à prática.

7.4.1 O poder do *storytelling*

Histórias têm a capacidade de conectar, de levar a audiência a uma viagem e criar um laço duradouro. Ao contar a história por trás de um projeto, os desafios enfrentados, as inspirações e a jornada para transformar uma ideia em realidade, você não apenas informa, mas envolve e é preciso identificar o que é relevante.

Uma boa história de projeto, do processo, até como um Arqui Perrengue foi contornado, tudo isso é a vida real e tangibiliza o seu trabalho. Podemos comunicar com uma mensagem direta? Sim. Às vezes é o que precisamos. Mas é impossível ignorar o poder das boas histórias.

E não esqueça do *storydoing*: quando a história é contada por meio de ações. Ou seja, a marca pratica o que prega.

7.4.2 Pesquisa e empatia

Com toda informação é abundante, entender verdadeiramente o que o seu público deseja torna-se um diferencial. Isso vai além de simplesmente coletar dados ou seguir métricas. Começa com a escuta ativa:

Pesquisas on-line: utilize ferramentas de pesquisa on-line para coletar informações específicas sobre o que seu público está buscando. Isso pode ser feito através de questionários, enquetes ou mesmo através de análises de palavras-chave relacionadas à arquitetura e interiores. Aqui o céu é o limite com a quantidade de rastros digitais. Fica fácil fazer uma pesquisa bem refinada.

Interatividade nas redes sociais: as plataformas sociais não são apenas canais de divulgação, mas também espaços ricos para a escuta. Através dos comentários, mensagens e interações, você pode perceber diretamente as necessidades e desejos de sua audiência.

***Feedback* direto**: sempre que possível, incentive *feedbacks* diretos. Seja através de formulários no seu site, ou conversas pós-projeto com clientes. A empatia surge quando você se coloca no lugar do outro, entendendo profundamente suas preocupações, desejos e aspirações.

7.4.3 Atualidade e tendências

A área de arquitetura e interiores é dinâmica e está em constante evolução. Estar por dentro das últimas tendências não significa necessariamente adotá-las, mas entender e analisar seu impacto:

Fontes confiáveis: mantenha-se informado através de revistas, blogs, conferências e seminários de renome na área. Isso garante que você esteja sempre atualizado sobre os últimos movimentos do setor.

Perspectiva crítica: compartilhe com seu público não apenas o que é tendência, mas também sua opinião sobre ela. Isso estabelece você como uma autoridade no assunto. Se você optar por adotar uma tendência em seus projetos, explique o porquê. Se decidir não adotar a tendência A ou B, também forneça sua justificativa.

Adaptação e integração: mostre como você integra (ou opta por não integrar) tendências em seus trabalhos. Estudos de caso ou análises de projetos específicos podem ser uma excelente maneira de fazer isso.

7.4.4 Processo criativo

O charme por trás de qualquer projeto está frequentemente no processo que levou à sua concepção e execução. Compartilhar esse percurso pode criar uma conexão mais profunda com seu público:

Inspirações: inicie discutindo de onde vêm suas ideias. Pode ser uma viagem, uma obra de arte, a natureza ou qualquer outra fonte que alimente sua criatividade.

Esboços e *brainstorms*: mostrar esboços iniciais, modelos 3D ou sessões de *brainstorming* oferece uma visão dos bastidores que muitos acham fascinante. Isso revela o progresso e a evolução de um conceito.

Desafios e soluções: todo projeto tem seus desafios. Seja transparente sobre eles e mostre como você os superou. Isso não apenas destaca sua expertise, mas também humaniza o processo, mostrando que, como todos, você enfrenta obstáculos, mas é a forma como os supera que realmente importa.

Criador e criatura: demonstre como você pensou aquele projeto, especificamente para um desejo ou necessidade, e como relacionou sua criação ao cliente. Fotografe não só as suas obras, mas tenha retratos e lembranças nelas. Esta expressão foi disseminada nas minhas primeiras palestras e cursos, e vejo hoje, através das redes sociais, que foi bem aplicada. Antigamente, os profissionais raramente apareciam.

Sempre registre seus projetos: por mais tímido que seja, tire a foto.

7.4.5 Mantendo a autenticidade

Em um mercado saturado, a autenticidade se torna sua marca registrada. No ambiente digital, é fácil se perder em meio a uma enxurrada de tendências e modismos, mas é vital lembrar que seu público procura algo único — e esse algo é você.

Marca pessoal: sua marca pessoal é a combinação de habilidades, experiências e paixões que você traz para o campo. Por exemplo, se você é um arquiteto especializado em projetos sustentáveis, essa é a sua marca. Não seria autêntico para você começar a promover projetos opulentos e excessivos simplesmente porque estão em voga.

A voz da marca: a forma como você se comunica é tão importante quanto o que você está comunicando. Se você é descontraído e bem-humorado em sua comunicação pessoal, isso pode ser refletido em seu conteúdo. Um exemplo é a designer Joanna Gaines, que usa sua personalidade calorosa e acessível para conectar-se com seus seguidores, tornando sua marca distinta e reconhecível.

Evite o "efeito camaleão": é comum ver profissionais saltando de uma tendência para outra. Embora seja importante estar ciente das tendências, é igualmente crucial garantir que elas estejam alinhadas com sua marca e visão. Um estudo de 2020 publicado na Harvard Business Review destacou que marcas autênticas têm uma chance três vezes maior de atrair e reter clientes.

7.4.6 Conteúdo visual e multimídia

A arquitetura e o design são, por natureza, visuais. As pessoas querem ver, sentir e, se possível, viver o espaço antes mesmo de ele se tornar realidade.

Fotografia de alta qualidade: imagens devem ser nítidas, bem iluminadas e capturar a essência do seu projeto. Por exemplo, o fotógrafo de arquitetura Iwan Baan é mundialmente reconhecido por capturar não apenas os edifícios, mas também as histórias das pessoas que neles habitam.

Vídeos e *tours* virtuais: em uma pesquisa recente do *HubSpot*, foi descoberto que 54% dos consumidores desejam ver mais conteúdo em vídeo de marcas ou empresas que apoiam. Tours virtuais de projetos, por exemplo, permitem que os espectadores tenham uma experiência imersiva do espaço, algo que fotos sozinhas não podem proporcionar. Arquitetos como Bjarke Ingels frequentemente utilizam vídeos para demonstrar a visão e o processo por trás de seus designs icônicos.

Infográficos e animações: estes são particularmente úteis para explicar conceitos complexos. Se você está projetando um edifício sustentável, um infográfico pode mostrar como a água da chuva é coletada e reutilizada, ou como a energia solar é capturada e convertida. Infográficos são o tipo de conteúdo visual mais envolvente justamente por serem visuais.

Em resumo, enquanto a autenticidade ajuda a criar uma conexão profunda e significativa com seu público, a multimídia visual atende ao desejo inerente das pessoas de consumir informações de forma rápida e atraente. Combinados, eles formam a base para uma estratégia de conteúdo bem-sucedida na área de arquitetura e interiores.

Ao refletir sobre a criação de conteúdo significativo, percebemos que é tanto uma expressão de nossa essência quanto uma resposta atenta às necessidades e desejos de nosso público. A combinação de autenticidade com informação atualizada e relevante molda um diálogo rico e genuíno no espaço digital. A chave é ser fiel a si enquanto se adapta e evolui com o ambiente em constante mudança. Então, permita-se inspirar e ser inspirado, mantenha-se informado e, acima de tudo, permaneça verdadeiro em sua missão.

PARTE VIII:
Conclusão:
o Fim é só o Começo

8.1 O futuro: uma jornada em constante evolução

Adentrar o mundo da arquitetura e do design é mergulhar em um oceano de possibilidades infinitas. Contudo, ao fechar este livro, você não está fechando as portas para o conhecimento e a evolução. Pelo contrário, está se equipando para um futuro brilhante e dinâmico. Para o seu negócio também ser um mar de oportunidades infinitas e de momentos felizes durante a sua carreira. Aqui, nós estamos apenas arranhando a superfície do que é possível.

Em minha experiência como consultora de muitos profissionais talentosos na área da arquitetura, percebi uma constante: a *mudança*. A tecnologia avança, as tendências vêm e vão, e o que é considerado inovador hoje pode ser padrão amanhã. Se há uma verdade nessa profissão, é que ela nunca fica estagnada.

Pense no modo como a arquitetura e o design se transformaram nas últimas décadas. Como a sustentabilidade, uma vez um conceito emergente, tornou-se uma prioridade. Como a integração da tecnologia nas estruturas e interiores não é mais uma opção, mas uma necessidade. E como os espaços foram sendo redefinidos para refletir as necessidades de um mundo em rápida mudança.

O futuro é um conceito vasto e repleto de potencialidades que nos desafia a pensar além do que conhecemos atualmente. Quando começamos a vislumbrar o que a próxima década poderia trazer para o mundo da arquitetura e interiores, deparamo-nos com um panorama de transformações verdadeiramente revolucionárias.

A realidade virtual e aumentada, por exemplo, está na iminência de redefinir o significado de espaço e lugar. Pensem nisso: se agora, arquitetos podem projetar edifícios, paisagens e interiores em ambientes totalmente digitais, permitindo que seus clientes caminhem por esses espaços antes mesmo de colocar a primeira pedra, o que será que vem depois? A capacidade de experienciar um ambiente antes de sua construção real pode mudar radicalmente a maneira como entendemos e projetamos.

E a revolução não para por aí. Com os contínuos avanços na impressão 3D, a construção de uma casa pode ser tão simples quanto selecionar um design, fazer ajustes personalizados e imprimir. Imaginem casas inteiras surgindo em questão de horas, com um nível de detalhe e precisão que anteriormente levaria meses, ou até anos, para ser alcançado.

No entanto, com toda essa inovação, surgem desafios inéditos. Como garantiremos a durabilidade e a segurança dessas casas impressas em 3D? Como equilibraremos a eficiência da realidade virtual com a essência tangível e tátil da arquitetura que conhecemos e amamos? E mais: como os profissionais da área garantirão que essas tecnologias não tornem obsoletos os princípios fundamentais do design e arquitetura?

Não depende apenas dos profissionais.

Quem definirá quais inovações farão parte do futuro são os usuários finais e, por isso, cada profissional que pensa em resolver problemas de seus clientes, estará na frente, com grande vantagem.

A mensagem aqui é clara: o futuro promete transformações empolgantes, mas também trará desafios complexos. E é aqui que você, profissional dedicado e apaixonado, entra em cena. Será preciso mais do que simplesmente adotar novas ferramentas ou seguir tendências. Será necessária uma combinação de curiosidade, adaptabilidade e, acima de tudo, visão crítica.

O desafio é grande, mas a recompensa é ainda maior. Portanto, provoco cada um de vocês: como planejam se adaptar a essas mudanças? Como podem contribuir para moldar o futuro da arquitetura e do design de forma significativa e sustentável? A jornada que se descortina diante de nós é tão emocionante quanto desafiadora, e sua voz e expertise serão fundamentais nesse caminho.

Mas, para navegar por esse futuro com confiança, é fundamental cultivar uma mentalidade de aprendizado contínuo. Abraçar a mudança, em vez de resistir a ela. Este livro pode ter lhe fornecido as ferramentas e *insights* para o presente, mas a chave para o futuro? Essa está dentro de você.

E aqui vai o meu conselho mais precioso: como consultora, vi muitos profissionais da área se focarem tanto em acompanhar as tendências que esqueceram de escutar a si. O futuro da arquitetura e do design depende tanto de inovações técnicas quanto de paixão e intuição. Enquanto você olha para o futuro, não esqueça de levar consigo seu coração e sua alma, pois eles são seus guias mais confiáveis.

Assim, ao virar esta página, você não está encerrando um capítulo, mas começando um novo. Uma jornada de descoberta, inovação e, acima de tudo, evolução. Mantenha-se curioso, resiliente e aberto, e não há limite para onde você pode ir.

8.2 Lições de sucesso: a sabedoria no caminho

Ao longo de nossa jornada, mergulhamos profundamente em diversas facetas da vida profissional dos arquitetos e designers. O caminho foi repleto de introspecções, análises e aprendizados. Agora, eu gostaria de revisitar alguns pontos-chave. Veja-os não apenas como lições, mas como luzes guias para iluminar sua trajetória.

Na parte I, aprendemos a importância de ir "além" da arquitetura. Ser um profissional completo exige muito mais do que apenas dominar a técnica. A essência do sucesso em arquitetura e interiores está em entender a humanidade em seus projetos e em si. Como os desafios e as histórias moldam nossa jornada, eles nos tornam resilientes e nos dão um propósito claro.

Na parte II, focamos na *marca pessoal*, naquilo que nos diferencia no mercado. Cada profissional é único, e é preciso mergulhar internamente para compreender e expressar essa singularidade. Seja através de uma mentalidade empreendedora ou da busca pelo que torna seu trabalho especial, é essencial saber se posicionar no mercado, para não ser "apenas mais um".

Na parte III, fomos levados ao universo da *comunicação*. Aqui, percebemos que, mais do que palavras, é a autenticidade e a empatia que criam conexões verdadeiras. A comunicação se transforma em uma dança, onde o equilíbrio entre falar e ouvir, entre expressar e sentir, é essencial. E, em momentos de adversidade, como rejeições, a habilidade de se reerguer e ver oportunidades é o que separa o bom do excelente.

Na parte IV, discutimos o coração sustentável de qualquer negócio: as *finanças*. Entender a precificação como algo além de meros números e ver a relação com o dinheiro sob uma perspectiva mais ampla são essenciais. A saúde financeira de um negócio é sua espinha dorsal, e o fluxo de caixa é, sem dúvida, o pulso que o mantém vivo. Resultado não se trata apenas de lucros, mas de garantir sustentabilidade e crescimento.

Na parte V, entramos no universo prático e essencial: a *execução*. Entender que cada obra é uma melodia única é crucial. Ao acompanhar uma obra, é preciso orquestrar todos os instrumentos — desde o cimento até a última pincelada — para criar uma sinfonia harmônica. A prática se torna mais fluida ao simplificar processos, e a segurança do projeto e das relações se estabelece através de contratos bem definidos. Tudo começa, contudo, com um *briefing* eficaz, que estabelece o tom e a direção do projeto, funcionando como a primeira nota de uma sinfonia inesquecível.

Na parte VI, dissertamos sobre o desafio da *expansão*. Crescer é um desafio, mas também uma necessidade e uma arte. Gerenciar e expandir uma equipe demanda não só habilidades administrativas, mas uma visão clara da cultura e valores que queremos infundir em nosso negócio. Recrutar é mais do que simplesmente preencher vagas; é escolher os músicos certos para a sua orquestra. E, enquanto construímos essa equipe, também é crucial cultivar uma cultura de sucesso.

Na parte VII, nos debruçamos sobre o mundo do marketing. Aqui, percebemos que a verdadeira arte da sedução não está em gritar mais alto, mas em falar com mais profundidade. O significado profundo do marketing reside na capacidade de encantar, conectando-se com as emoções e necessidades de potenciais clientes. E nessa era digital, ter presença é a magia que nos permite criar conexões autênticas e duradouras. Em um mundo repleto de ruídos, SEO e mídias sociais são ferramentas que fazem o eco da nossa voz ser ouvido claramente. Mas, o que realmente ressoa é o conteúdo relevante — palavras e imagens que inspiram, educam e conectam.

Revisitar todas essas lições é como folhear um álbum de memórias de nossa jornada juntos. É um lembrete do vasto território que cobrimos e das inúmeras descobertas que fizemos. Espero que, ao olhar para trás, você veja não apenas informações, mas a sabedoria adquirida, pronta para ser aplicada em sua trajetória profissional. O caminho do sucesso é pavimentado com aprendizado contínuo.

Cada reflexão apresentada neste livro nasceu de observações, pesquisas e, mais importante, dos muitos anos ajudando profissionais como você. E enquanto este livro pode estar chegando ao seu final, sua jornada está apenas começando. Que estas lições sejam seu guia, sua inspiração e, espero, a base para muitos sucessos futuros. Encorajo cada um de vocês a seguir em frente, armados com o conhecimento e a paixão que compartilhamos por esta profissão maravilhosa.

8.3 Recursos complementares: a busca contínua pelo conhecimento

Terminar este livro é, de certa forma, similar a concluir um grande projeto. Sinto uma mistura de realização e antecipação pelo que virá a seguir. Mas, assim como em qualquer projeto bem-sucedido, o aprendizado não termina quando viramos a última página. Em vez disso, ele marca o começo de uma nova fase de exploração e crescimento.

A curiosidade é, sem dúvida, um dos maiores ativos de um profissional. Ela nos move para novos horizontes, nos desafia a questionar o status quo e nos inspira a ir sempre além. Em sua trajetória, você descobrirá que o aprendizado contínuo é o combustível que alimenta a chama da excelência.

Para ajudá-los nessa busca contínua pelo conhecimento, gostaria de compartilhar alguns recursos que considero inestimáveis.

Na trajetória de cada profissional, existem momentos marcantes, decisões críticas e experiências que, juntas, formam a tapeçaria da sua carreira. Para os arquitetos e designers, esses momentos podem variar desde a escolha do primeiro projeto até o enfrentamento de desafios inesperados. As histórias que surgem dessas experiências não são apenas pessoais, mas têm o poder de iluminar o caminho para outros na profissão.

Esses desafios estão relacionados à visão de negócios, gestão e posicionamento. *E é exatamente nesse ponto que posso ajudar você, além deste livro.*

Desde 2014, venho desenvolvendo um método pioneiro no mercado da arquitetura e interiores, que fornece as ferramentas necessárias para você controlar o seu escritório. O que quero dizer com isso? Percebi que muitos profissionais, ao saírem da faculdade, estão repletos de conhecimento e ideias, mas não sabem como empreender, criar sua marca, ou definir objetivos claros na carreira.

Um pensamento comum entre os iniciantes é: "se eu trabalhar muito, aceitando todos os trabalhos que aparecerem, tudo vai se ajeitar no final". Contudo, após anos acompanhando, organizando e impulsionando negócios, posso afirmar com convicção: essa mentalidade, que depende da sorte para o sucesso, está fadada ao fracasso.

Se você pensa que só o trabalho árduo basta e que o "resto" virá naturalmente, na verdade, é o escritório que está controlando você. Isso significa que você não tem o controle da situação. O resultado disso é depender de clientes problemáticos, enfrentar dificuldades com fornecedores, ficar perdida no Instagram sem saber o que postar, não ter uma identidade profissional clara, precificar mal os serviços e viver constantemente sob estresse.

Mas há uma saída dessa situação, e quanto mais rápido, melhor.

É possível tomar as rédeas do seu negócio e transformar a maneira como seu escritório opera, levando a uma carreira mais gratificante e bem-sucedida.

Ao longo dos anos, desenvolvi um método comprovado, do qual fui pioneira, que foi aplicado em mais de 400 escritórios em todo o Brasil, impactando quase 3 mil alunos através das mentorias e cursos que ministrei. Meu objetivo é ajudar profissionais como você a acelerar seu crescimento, viver sua paixão com reconhecimento, lucro e qualidade de vida.

Todos os meus cursos e programas de formação foram criados para arquitetos, designers de interiores, decoradores e paisagistas que desejam conquistar mais clientes, evitar disputas por preço, ter tempo para marketing, crescer suas equipes de forma saudável, e iniciar seus escritórios da maneira correta.

Além de um vasto conteúdo em meus cursos, convido você a um olhar mais personalizado dentro da consultoria e a um programa completo de formação. Vamos juntos resolver questões específicas e desenvolver estratégias personalizadas para o seu negócio.

E, para se manter atualizado e inspirado, convido você a visitar meus canais:

***Site* oficial** (https://www.renatapena.com): aqui você encontrará uma gama de informações, desde artigos até *insights* sobre o mercado de arquitetura.

Instagram (https://www.instagram.com/renatapena/): fique por dentro de dicas rápidas, reflexões e acompanhe meu dia a dia profissional.

YouTube (https://www.youtube.com/@gestaoparaarquitetos): canal dedicado a aulas, entrevistas e conteúdos ricos sobre gestão e estratégias para arquitetos e profissionais da área.

Spotify: Além da Arquitetura por Renata Pena com assuntos específicos para transformar a arquitetura em um negócio:

TikTok: https://www.tiktok.com/@alemdaarquitetura

Aplicação ao Programa Ouro, com toda a metodologia e meu acompanhamento: https://renatapena.com/programa-ouro

Ao encerrar este livro, quero deixar uma mensagem especial para você:

Nunca subestime o poder da dedicação, do aprendizado contínuo e da paixão pelo que faz.

As possibilidades são infinitas, e estou aqui para ajudá-lo a construir boas e novas histórias. O resultado dos meus clientes — e agora leitores — é o meu melhor resultado! Que sua jornada seja repleta de crescimento, realizações e momentos mágicos. Um brilhante futuro o aguarda, e estarei ao seu lado em cada etapa. Até breve!

Com carinho, gratidão e respeito,
Renata Pena

Entre em contato

Referências

ASH, Tim. *A mentira da racionalidade:* desmistificando nosso modo de pensar e por que agimos como agimos. Tradução de Laura Folgueira. São Paulo: Gente, 2022.

CAU/BR. Acesse os resultados do II Censo das Arquitetas e Arquitetos e Urbanistas do Brasil, 2021. Disponível em: https://caubr.gov.br/acesse-os-resultados-do-ii-censo-das-arquitetas-e-arquitetos-e-urbanistas-do-brasil/. Acesso em: 30. maio. 2024

GITOMER, Jeffrey. *O livro vermelho das vendas*. Tradução de Maria Lucia Rosa. São Paulo: M.Books, 2007.

KOTlER, P; KARTAJAYA, H; SETIWAN, I. *Marketing 5.0*. Tradução de Carla Pedro. Lisboa: Actual, 2021.

KROGERUS, M.; TSCHÄPPELER, R. *O livro da decisão*. Tradução de Doralice Xavier de Lima. Rio de Janeiro: Best Bussiness, 2017.

RIES, Al; TROUT, Jack. *Posicionamento:* a batalha por sua mente. Tradução de Eliane Fittipaldi Pereira. São Paulo: M. Books, 2021.

ROSS, Aaron; LEMKIN, Jason. *Hiper crescimento:* a nova bíblia de vendas no Vale do Silício. Tradução de Cristina Yamagami. São Paulo: Alta Books, 2021.

URY, William. *O poder do não positivo*. Tradução de Regina Lyra. São Paulo: Elsevier, 2017.

URY, William; FISHER, Roger. *Getting to yes:* negotiating agreement without giving in. Nova Iorque: Penguin Books, 2011.